U0666024

战略供应链

体系设计与运营管理

聂建新◎著

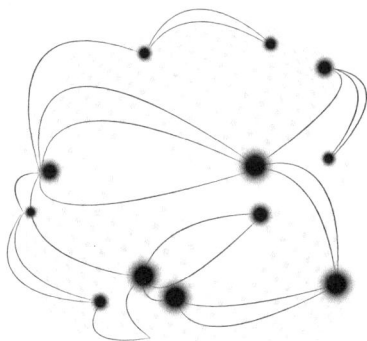

人民邮电出版社

北京

图书在版编目（CIP）数据

战略供应链：体系设计与运营管理 / 聂建新著. ——
北京 ：人民邮电出版社，2022.7
ISBN 978-7-115-59027-5

Ⅰ．①战… Ⅱ．①聂… Ⅲ．①供应链管理—研究
Ⅳ．①F252.1

中国版本图书馆CIP数据核字(2022)第052511号

◆ 著　　　 聂建新
责任编辑　马　霞
责任印制　周昇亮

◆ 人民邮电出版社出版发行　　北京市丰台区成寿寺路 11 号
邮编　100164　电子邮件　315@ptpress.com.cn
网址　https://www.ptpress.com.cn
北京天宇星印刷厂印刷

◆ 开本：880×1230　1/32
印张：8.25　　　　　　　2022 年 7 月第 1 版
字数：171 千字　　　　　2025 年 3 月北京第 6 次印刷

定价：69.80 元

读者服务热线：(010)81055296　印装质量热线：(010)81055316
反盗版热线：(010)81055315

这是一本具有中国特色、全球视野的供应链好书。从民营公司到世界 500 强跨国企业，从一个物流公司的员工到跨国企业的高管，再到民营公司的经营者，作者从不同企业文化、不同视角去思考问题。本书梳理了一套落地体系，使读者能从供应链角度切入，结合公司战略，配合国内的人文历史及运营环境，融入西方学者长期企业调研成果来看待问题。这本书非常独特。

本书的一大特色是阐明了供应链对中国企业的重要性：民营企业以制造业为主，因此对于供应链管理能力的提升是迫切的。在疫情影响和"双碳"政策下，企业供应链升级更紧迫、更有必要性。供应链操作管理层面的内容往往只能解决企业"点"和"面"的问题，从经营者的视角出发才能真正解决企业"体"的问题。本书很生动地以三角平衡理论，阐明何谓"战略供应链思维"，对该思维与供应链 ROCE（Return on Capital Employed，运用资本回报率）的探索，留下了很多拓展空间，这为未来的学术研究奠定良好的基础。

本书的另一大特色是系统化。它能让读者很清晰地掌握供应链思维和脉络，包含思维理念和落地方法。书中对"道""法""术"三个层次的探索非常到位，显现了作者深厚的文学素养。对系统化的敏捷供应链或精益管理有深入研究的读者能更容易体会到这套理论的价值，明白为何现在简单用"敏捷"或者"精益"去让一个企业选择供应链战略已经显得比较过时，而必须用"战略驱动"来重新定义供应链。

张俊标

新加坡国立大学教务长讲席教授、运筹与数据分析院院长

2022 年 4 月 3 日

推

荐

语

这是一本值得企业高管共同学习的战略供应链书籍，作者将近 20 年的实战经验，通过工商管理博士研修，系统性梳理成供应链管理自上而下的道、法、术，并提供企业落地方法，助力管理者创造新价值。

王华

法国里昂商学院副院长、亚洲校区校长

数字时代的到来深刻地改变了人们对供应链管理的认识。这本书站在中国市场和企业前沿视角，分享了端到端供应链战略制定的思想和实战方法，特别推荐去看书中"供应链运营中的那些'坑'"这部分内容，作为一个供应链管理的研究者，我对那里列出的很多观点都深有同感。

郑欢

上海交通大学管理与科学系教授、博士生导师、系主任

中国新消费从 2018 年开始迅速发展壮大。2020 年中国品牌渗透率高达 91.4%，这一年成为新消费品牌爆发元年。新消费品牌崛起在前端是消费需求升级趋势下的必然结果，在后端则离

不开中国强大的供应链体系的有效支撑。新消费品牌在推动产品创新的过程中，必须对供应链体系在复杂多变的场景下如何提供稳定、高效和成本可控的解决方案深度思考和全局统筹，将供应链工作提升到战略安排层面。本书对战略供应链的体系搭建、数字化端到端流程建设和组织运营管理进行了深入剖析和系统阐释。

杨建

舒倍登（杭州）科技有限公司创始人

从事智能制造产业、做 3D 打印近 10 年，我们依靠中国的供应链优势快速研发和迭代、高性价比产出 3D 打印设备，迅速占领全球市场，成为一线品牌。而在全球疫情和国际复杂形势的双重背景下，如何确保供应链的安全与高效，是一件极为重要的事，这本书对我们的具体实践非常有指导意义。

封华

上海复志科技股份有限公司董事长

战争、疫情、逆全球化，在一个又一个黑天鹅事件的冲击下，现代企业的供应链体系从未像今天这样充满挑战。本书帮助我们追本溯源，厘清供应链管理的本质。

郭强

正大集团供应链公司总经理

后疫情时代，供应链问题凸显。逆全球化、地缘政治、"双碳"下能源结构调整，给供应链带来前所未有的挑战，也给企业在供应链重塑的过程中带来巨大的机遇。企业如何从战略上审视供应链将变成一个非常重要的课题。本书从企业战略视角阐述了供应链的体系搭建和运营管理，视角非常独特。

庞欣元

卧龙电驱董事长

"双碳"政策，加之疫情的反复，使得供应链成为企业增长和转型的突破点。本书能够结合全球趋势，立足于中国企业的实际情况，系统阐述战略供应链的落地方案，视角新颖，内容简单有效。

纪鹏斌

山东龙大美食股份有限公司前董事长

消费品创业圈流行一句话叫"始于流量，终于供应链"。很多品牌创始人都以为企业做大了才需要巩固完善供应链，看完本书会明白，供应链是一种战略思维，创始人从第一天就必须具备供应链思维，制定企业核心战略，设计和管理流程绩效。

宋逸

上海网购商会品牌新消费专委会主任，Joliyoyo 创始人

本书从战略着手，紧扣数字化和生态圈，最后给出了切实可行的解决方案，立意高远，结构清晰，逻辑严密，足见作者浸润供应链 10 多年的思考，能实践，有创新，是一本难得的佳作。

丁星驰

宁波金田铜业副总裁

数字化时代，商业环境变化越来越快，企业战略方向的把握变得越来越重要。如何驱动企业战略与数字化结合，如何体现战略落地的有效性，是当前企业面临的两大问题，创新柔性供应链能力也上升到企业核心竞争力的层面。本书关于战略供应链的提法非常新颖，在当前供应链危机凸显的情况下，从战略驱动到体系落地和运营，不仅回答了供应链的运作问题，也打造了一个战略能力、领导力及运营能力的闭环体系。

王泉庚

领教工坊领教，美特斯邦威前董事总裁

本书是近年来供应链和运营管理领域少有的佳作。从供应链战略的制定到数字化端到端流程建设，甚至包括组织和绩效体系的搭建落地，本书的实操性都极强。书中的生态圈战略合作和"双碳"下的可持续发展更是当今的热点话题，供应链"三角理论"也让人茅塞顿开。

夏欣跃 博士

好孩子国际执行董事、首席运营官

企业多年来对产品、市场的重视已经使中国制造在世界占有重要的地位。为全面推进实施制造强国的战略，我们认识到提升企业价值和竞争力还有一个不可或缺的重要因素，就是供应链管理。这门课我们了解得还不够深入，经验也同样缺乏，希望在不远的将来，供应链的价值能真正成为企业可持续增长的引擎。

张洁

中国工程机械工业协会工业车辆分会秘书长

众所周知，这几年供应链大热，言产业提升必谈供应链，但是有几人能真正说清"供应链"那些事？这本书终于说清楚了，从宏观到微观，接地气地、与时俱进地分析了在新的全球格局与技术发展中，企业供应链的道、法、术，是一本好书。

李燕

中国仓储与配送协会副会长兼秘书长

此心光明，亦复何言

我出身苏北的一个贫寒家庭，父母都是农民。母亲反复向我交代 3 条为人处世的原则："第一，滴水之恩当涌泉相报；第二，万事都要靠自己；第三，要给别人创造价值。"回顾自己的成长历程，母亲的话一直深深地影响着我。大学毕业以后，我从苏北来到上海开始了第一份工作：做物流公司的配送工人。在随后的一年里，我先后做过仓库管理员、夜班拣货主管和项目主管。之后，我又陆续进入了多家不同的民营公司，其中也有世界 500 强跨国公司，职责范围从配送货物演变为管理和公司经营。从一名物流公司的配送工人到跨国公司的高管，再到民营企业的经营者，从负责底层操作到管理公司核心，我走的每一步都在挑战和突破自己的边界。我深深感受到每一次的转变为自身带来的变化，不同的企业文化给自身带来的冲击。正是这些不同的经历，让我习惯了从不同的视角去思考问题。

在过往 19 年的职业生涯中，我亲身经历了互联网对商业的重塑，同时也深刻感知到一些企业在发展中的"冰火两重天"。亲身经历和调研咨询帮助我发现了当前企业面临的一些普遍问题。第一，许多企业经营者处于焦虑状态，企业转型升级是最令人头痛的问题；第二，在企业"活下去"的压力下，部分企业经营者出现了病急乱投医的情况；第三，企业经营者与管理者多存在认知差异；第四，"一抓就死，一放就乱"的情况普遍存在；第五，战略与运营"两张皮"。对此，我一直在思考如何贡献自己所能真正帮助企业找到破局的方法。我脑海中也一直萦绕着几个问题：第一，如何才能真正让企业经营者和管理者建立共同的认知？第二，如何才能找到一套理论真正结合实际的体系以帮助企业建立共同理念，同时获得正确的方法论和实践路径？第三，从什么领域切入是最合适的？第四，如何将当前形势和数字化结合？经过反复斟酌，从供应链切入并结合企业战略总结而成的一套落地体系才浮现在我的脑海中。写这本书的主要原因有 3 个：第一，中国企业以制造业为主，因此供应链的管理、提升会是驱动企业成长的第三引擎；第二，一些企业长期对供应链存在认知误区，没有真正挖掘出供应链应有的价值；第三，在新冠疫情和"双碳"目标的影响下，企业自身的供应链升级有紧迫性和必要性。

从开始构思的时候，我就定义了本书要遵循的几项原则。第一，一定要理论结合实际。虽然我有在不同企业工作的经历和在不同岗位历练的经验，但仍然需要认真研究战略和供应链的前沿理论，同时需要研究文化、历史、哲学相关内容，找到理论与实际的结合点。力争书中的观点是经得起推敲的，是可以落地并与时俱进的。第二，必须要站在企业经营者的角度去思考。供应链操作管理层面的内容往往只能解决点和面的问题，只有从企业经营者的角度出发才能真正立体地解决企业的问题。第三，必须要系统化。要让读者能够很清晰地把握思维脉络，理解思维理念、方法论和落地方法。第四，简单。不堆砌专业术语，力求简单明了。针对以上原则，在过去的一年中，我花大量的时间参阅了超过 10 本专业教科书，100 多篇学术论文和专业报告，深度阅读了《资治通鉴》《传习录》等文史哲书籍，采访了超过 10 位企业高管，同时先后修改了 10 余次全书的思维逻辑框架。

本书中关于战略供应链思维的理论是我自己总结出来的，也是我认为能够与企业经营者产生共鸣的最重要的部分。同时，对于问题的观察和分析除了采用经营者视角，也会有其他不同的视角，如一线操作人员、中基层管理人员、供应链高管、销售高管等。这也就定义了本书的读者范围不局限于经营者和供应链专业人员。我希望本书所讲的内容能够成为企业战略和供应链结合的一个典范，也能够真正帮助企业管理者找到解决问题的思路和方法。

在创作本书的过程中，发生了一件很有趣的事情。在检索文献资料的过程中，我发现一本英文著作 *Supply Chain Strategy and Financial Metrics: The Supply Chain Triangle of Service, Cost and Cash*，可以翻译为《供应链战略和财务绩效：服务、成本与现金的供应链三角》。这本书的作者是布拉姆教授，他是比利时弗拉瑞克商学院的客座教授，也是欧洲一家管理咨询公司的首席执行官，曾经在北京大学汇丰商学院做过访问学者。他通过大量实证和研究充分论证得出的供应链三角理论，与我在本书中总结的战略供应链思维的内容有相似之处。我们进行了几次深入的沟通，并相约未来由我担任他这本书的中文译者。在此之前，我没有做过系统的理论研究，完全是根据自己的实践进行总结，而布拉姆教授则是在欧洲市场结合企业案例做了大量实证研究，他的成功使我对自己提出的战略供应链思维又增加了几分信心。

本书的写作过程让我本人收益极大，既是对自己的思维进行全面梳理的过程，也是对自我内心进行审视的过程。

我们常听到的一句话是"当今世界正在经历百年未有之大变局"，企业亦复如是。华为创始人任正非先生曾说过："华为的冬天一定会到来，活下去是最高理想。"企业正在经历外部环境的剧烈动荡，同时也面临着内部生态的巨大挑战，这些动荡与挑战主要体现在以下几个方面。

第一，全球正处在第四次工业革命浪潮之中。

第一次工业革命让人类进入"蒸汽时代"，机器代替手工劳作；第二次工业革命让人类进入"电气时代"，自动化制造出现；第三次工业革命让人类进入"信息时代"，计算机重构产业结构和劳动效率；第四次工业革命让人类进入"数字时代"，数字成为生产要素。当前我们看到的是，数字化已经成为全球热点，而中国是推动数字化进程的先驱和领军者。因此，可以说前3次工业革命主要由西方发达国家领头，而中国无疑是第四次工业革命的重要参与者。我们应该清醒地看到，每一次工业革命都会对社会关系、经济结构、地缘政治产生深远的影响。比如，第四次工业革命使全球贸易规则面临冲突和重构等。这些变化对企业的挑战，正在时时刻刻、真真切切地发生。

第二，全球正面临前所未有的生态挑战。

全球 1.4 万名科学家联合署名，在《生物科学》发表了一篇关于"行星生命体征"的文章。文章称，2019 年，温室气体排放、森林砍伐、冰川厚度等 18 项数据已经达到破纪录的水平，地球资源的过度开发和使用会带来次生灾害的频发。目前，全球各主要国家针对气候管理都在积极行动，中国也提出了"双碳"目标，即 2030 年实现"碳达峰"，2060 年实现"碳中和"。同时，新冠肺炎疫情的全球流行对经济和生活的影响也是深远的。一项全球调查显示，70% 以上企业的供应链运营端遭到了破坏，这对中国企业的成品出口及生产要素进口的挑战无疑是巨大的。

第三，中国正在步入一个经济增长的新阶段。

随着亚洲其他地区（如东南亚）的劳动力优势逐步显现，缺少核心技术的制造业的生存空间将进一步被挤压。基于人口结构和出生率，中国正在从全球最大的增量市场转变为存量市场。近年来，由于市场拉动，内生的消费能力增强及全球贸易的发展，中国市场确实享受了巨大的红利。但是，我们应该清醒地看到中国的 GDP 增速下降明显，从过往的 10% 以上下降到 6%~7%。在此背景下，以往凭着胆子大、眼光准去抓机会快速发家致富的机会越来越少，而"专精特新"的发展之路才是企业要思考的重要发展方向。

第四，中国经济结构正在转型。

人口结构及出生率问题催生经济结构的底层逻辑变化，"双碳"目标对环境保护的诉求引导产业发展方向变化，国际贸易规则和地缘政治冲突引发全新产业链布局调整。在这种情况下，中国企业是主动求变还是被动改变，已经变成事关"生存还是毁灭"的问题。

第五，你花多少时间规划未来，未来就会回馈多少给你。

面对如此复杂多变的宏观环境，企业的市场竞争变得激烈。如何持续并动态地构建企业的核心竞争力，是当前企业经营者应该思考的主要战略问题。同时，企业遇到的普遍问题是战略与运营"两张皮"——往往在经营者的角度被归结为"执行力"的问题。实际上，执行力是一个伪命题。平衡记分卡的发明者之一，哈佛大学的卡普兰教授曾经说过："如果你不能描述，你就不能衡量；如果你不能衡量，你就不能管理。"企业大部分的问题出在顶层设计，如何站在企业经营者的角度去设计经营结果，同时通过过程驱动去达到经营业绩目标，是我们要思考的问题。

第六，我们并不知道自己正在被供应链所困。

美国研究者崔西和威尔斯马在《市场领导者的修炼》一书中，提出了企业经营的价值信条，即亲近客户、产品领先、卓越运营。三者缺一不可，不能因为过度追求其中一条或两条而放弃其他信条，否则会导致企业价值的损失。将价值信条转换为企业运营的功能，即市场营销、产品研发和供应链运营，三者是密不可分的关系。中国的企业经营者对营销和产品的重视已经不需要再强调，他们大都不惜投入巨资去获取市场资源和能力。而由于长期以来对供应链运营的认识存在局限性，部分企业并没有真正充分挖掘供应链的价值。因此，如何构建战略供应链运营思维，如何从战略层面推动供应链运营的变革，是急需补上的一课。我们有理由相信，对大部分中国企业来说，充分挖掘供应链的价值才是实现企业可持续发展的真正引擎。

我认为企业"破局"，需要从"道、法、术"3个层次自上而下、体系化地入手，仅仅依靠方法论或工具去改变被动的局面是不够的。本书力求系统性地呈现企业战略供应链从体系搭建到落地的全过程，从核心思想到企业战略制定，再到体系落地，层层分解，环环相扣。本书共10章，第1章主要是关于供应链的正确认知。根据我进行的随机调查，只有10%的高级管理人员对供应链有正确的认知，长期存在的问题是，他们所说的"供应链"和我说的"供应链"不是一回事。第2章和第3章重点介绍战略供应链思维，涉及西方管理理论和中国传统文化。我试图建立一个可以被中国企业广泛认同的"道"，而一切工作，都基于企业需要在"道"上形成管理的共识并认同运行理念。这个理念将被用于指导战略制定、过程管理和体系搭建。

企业的资源是有限的。因此，企业在战略设计、运营体系搭建和运营过程管理等方面要充分"聚焦"。本书从第4章开始，从"道"落地到"法"和"术"，即从思维和运行理念下沉到方法论和工具层面。第4章介绍运用战略供应链思维设计企业的核心战略，这种做法有别于"学院派"，但是能做到突出和覆盖重点，在方法论层面的阐述也能够充分落地。第5章谈到供应链战略不是通常我们认为的子战略，而是直接承接核心战略的核心内容，从类型到目标的选择都与核心战略一脉相承；同时，在制定供应链战略的关键举措中，列举了关键业务战略。

在运用战略供应链思维完成战略制定后，我们进入支撑体系的搭建和运用部分。第6章介绍基于数字化的端到端流程打造。此章不仅介绍如何通过过程管理驱动经营业绩提升，同时还进一步阐述前沿的数字化技术对供应链发展的影响及流程优化和再造的工具。第7章介绍一体化供应链组织和绩效体系搭建，详细分析了一体化供应链组织的特征，阐述了供应链从高层到基层管理人员的人才画像和选育用留策略，还针对如何搭建有效的绩效体系和分解战略目标提供了方法和思路。

第8章深度剖析"扩展供应链"的价值，即介绍企业与上下游开展战略合作的相关内容。这部分内容更多的是根据企业在供应链上的不同地位介绍不同的合作策略，读者通过本章的内容可以了解战略合作的意义及成功的关键要素。第9章介绍企业可持续发展的问题，内容相对当前企业的实际情况有一些超前，但是基于当前的宏观环境，企业应为打造弹性和绿色供应链逐步行动起来。

第10章整合全书内容，以图表和简要文字说明的方式对本书核心内容的脉络进行系统梳理，以帮助读者用最短的时间获得可直接落地的实践方法。

两篇附录呈现了一些非系统性的内容，主要是个人在运营实践中积累的经验和对未来趋势的研判。

本书有理论，重实践，有工具，成体系，适合企业中高层管理者、供应链专业学生、管理咨询者、供应链行业从业者等阅读和使用。

目
录

第 4 章 核心战略制定

第 5 章 供应链战略承接

第 6 章　基于数字化的端到端流程打造

第7章　一体化供应链组织和绩效体系搭建

第8章　生态圈战略合作推动

关于供应链的正确认知

在开始写作之前，我设计了一个问卷调查，问卷上的问题一共有 3 个：①基于经验，你如何定义供应链？②贵司有没有供应链组织？③如果有，供应链组织的核心考核指标是什么？这份问卷被分发给 10 位企业高管，其中包含公司首席执行官、销售副总裁和供应链副总裁等。

针对章首页的第一个问题，让我非常吃惊的是，只有一位高管正确定义了供应链，也就是另外 9 位高管对供应链的认知或多或少都存在偏差。这种现象可能有一定的普遍性。随着人们对供应链的关注度越来越高，很多人乐于把"供应链"用在各种不同的场景。比如 ×× 运输公司更名为 ×× 供应链公司，经常有人用"采购供应链""物流供应链"等组合名词。这些现象往往说明了我们对供应链存在普遍的认知误区，没有正确的认知，我们就很难真正去挖掘供应链的价值。希望本章的介绍，能够让大家形成关于供应链的正确认知。

供应链一词是个"舶来品"，也是经济全球化的产物。其标志性的变化始于 20 世纪 90 年代中期，随着亚洲国家，特别是中国经济的迅速发展，大批外资企业开始进入中国市场并进行亚太布局，运营网络及其复杂度急剧增加。彼时，原来基于运营中单个节点的研究已经不能满足现实的需求。2005 年，作为民间专业组织的美国物流专业委员会更名为供应链管理专业委员会，使供应链在实践和理论层面被大量提及并得到研究。今天，供应链管理专业委员会、美国生产和库存管理协会、美国供应管理协会合称"美国供应链三大协会"，它们对全球供应链领域具有巨大影响。

供应链的定义

维基百科对"供应链"的定义是:"在商业中,供应链是为最终使用者提供产品或服务所涉及的组织、人员、活动、信息和资源的系统。供应链活动包括将自然资源、原材料和零部件转化为最终产品,并交付给最终客户。供应链连接着价值链。"这个表述中有几个特别重要的概念性词语需要重点解释。第一,企业个体是供应链中的一个环节,在社会的价值链上创造价值、分享价值(见图 1-1)。第二,"最终使用者"是供应链关注的终极对象,因此不管你的生意类型是 B2B 还是 B2C,最终使用者都是需要重点研究的。在美国生产和库存管理协会开发的供应链运营参考模型(SCOR 模型)中,"客户的客户"和"供应商的供应商"属于被包含研究的对象(见图 1-2)。第三,基于"产品或服务"的"三流"(物流、信息流、资金流)是在供应链活动中产生的,是研究和管理的重点。我们经常看到有很多专家、学者提出"三流合一"的概念,也正是基于此。第四,供应链承接着企业的价值链,从原材料到产品和服务交付的过程是实现价值放大的过程。因此,我提出"供应链是利润中心"这个观点。

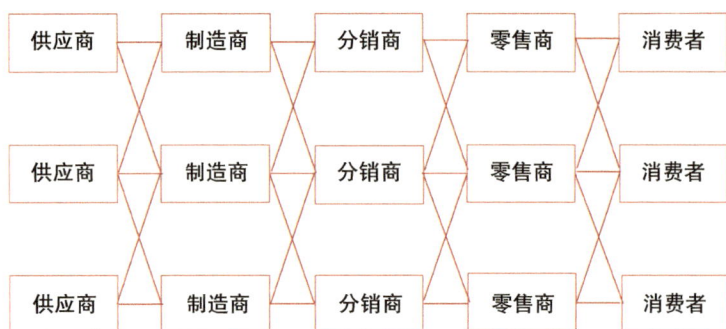

图 1-1　企业个体与供应链

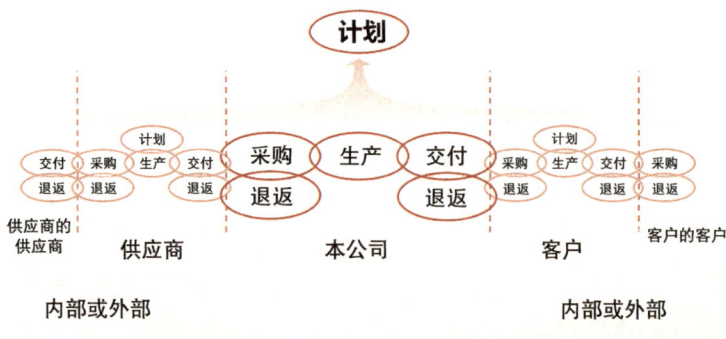

图 1- 2　SCOR 模型

供应链运营

供应链运营由 5 个模块组成，即计划、采购、生产、物流、退货。这些运营模块的定义见图 1-3。我们对照这些运营模块的定义以及结合对企业的理解，简单阐述一下现状。首先，对于采购和生产模块，由于其涉及直接产品成本，当前一般的企业已经非常熟知，在发展组织能力上也愿意进行投入。其次，对于物流模块，一般企业的诉求主要是成本控制，当然随着客户需求和服务纵深的变化，企业不得不在硬件上做固定资产的持续投入。再次，退货模块往往是被忽视的，企业一般把退货管理工作放在物流部门，但由此引发的问题是物流部门由于要控制物流成本，常常忽视对退货产品的剩余价值挖掘，这可能使企业价值面临损失。最后，需要重点强调的是，计划模块是供应链运营的"大脑"，计划职能的定义与当前很多企业对计划的普遍认知存在很大出入，当前计划部门的职能被严重弱化，一般是做一些简单的数据处理和分析工作。

计划

计划和管理满足客户对公司产品或服务需求所需的所有资源。确定并衡量供应链向客户交付价值和实现公司目标是否高效。

采购

选择供应商来提供创造产品所需的商品和服务。建立监控和管理供应商关系的流程。

生产

组织原材料接收、产品生产、质量检测、包装运输和交货计划。

物流

协调客户订单，安排交货时间，发运货物，为客户开具发票并收取货款。

退货

建立网络或流程以收回有缺陷的、多余的或不需要的产品。

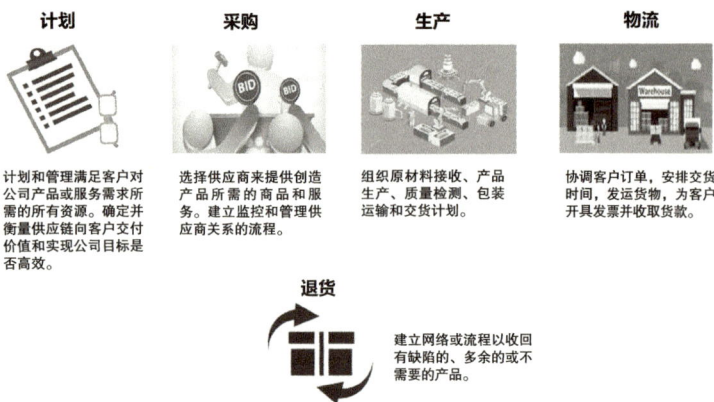

图1-3　供应链运营的模块

　　英国克兰菲尔德大学管理学院营销和物流名誉教授克里斯托弗说过：“现代企业管理最重要的范式转变之一是，个体企业之间不再是单独的自主实体的竞争，而是供应链与供应链的竞争。”他相信，鉴于新兴的全球竞争环境，单一业务的最终成功将取决于管理层整合公司错综复杂的业务关系网络的能力。管理学家彼得·德鲁克将流程观点和战略观点结合起来，指出：“成功的供应链管理需要关键业务流程的跨职能整合。”

　　结合以上对供应链定义和相关内容的剖析，我们有理由认为，成功的供应链是企业自身必须打造的核心竞争力，是实现产品增值的利器，更是驱动企业成长的重要引擎。从下一章开始，我会结合中国企业的实际情况，全面介绍打造战略供应链体系的理念和方法。

2

第2章

战略供应链思维的要义

　　本章将提出原创的战略供应链思维，这一思维结合了全球先进的管理理念和企业经营实践，也是为战略供应链体系打造的内容。本章会对欧美主要企业管理理论进行分析，并在分析的基础上结合企业经营的内容推演出战略供应链思维的核心要义。

企业经营的价值信条

前言提到，美国研究者崔西和威尔斯马在《市场领导者的修炼》一书中提出了企业经营的价值信条，即亲近客户、产品领先、卓越运营。亲近客户是指持续构造与客户的黏性，如企业运营粉丝群和从提供单一产品到提供解决方案都是亲近客户的举动。产品领先是指通过领先的产品创新能力创造需求，如美国的苹果公司，就是典型的产品驱动型公司。卓越运营是指通过系统运营能力的领先优势为市场提供超低价产品，如沃尔玛的天天低价和西南航空的廉价航空等。对大部分企业来说，这个"金三角"（见图 2-1）可以变成战略能力塑造的 3 个选项，即服务领先、产品领先和成本领先；转化到企业内部职能系统，也可以认为企业创造价值的 3 种驱动力是市场营销、产品研发和供应链运营。三者之间是相互依存的关系，如果三者中出现明显的短板，就会影响企业价值创造。按照"短板理论"，最弱的"角"就会是企业价值的天花板。如果三者中没有明显的短板，同时某一项或两项能力还非常突出，往往就能造就伟大的企业。

产品

"金三角"

营销   供应链

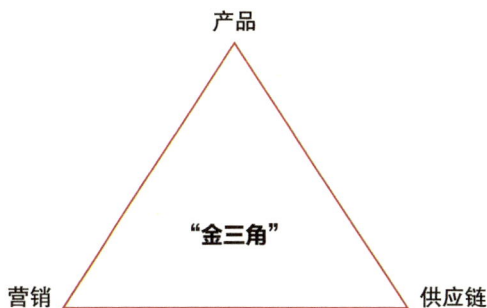

图 2-1 战略能力塑造"金三角"

简单列举一个案例。美国苹果公司在乔布斯第二次回归之前几近倒闭，乔布斯是一个产品天才，对产品的创新成就了苹果的全球领导地位。但是真正"成就"市值超过 2 万亿美元的苹果公司的是一位供应链大师——库克，他使苹果公司的短板问题被彻底解决，并将相关技术显著提升到全球最先进的水平。大家也许看到的是，在库克时代，产品并没有乔布斯时代那么惊艳，但是苹果公司却成为全球最会创造利润的公司。

约束理论

约束理论是由以色列物理学家、企业管理顾问高德拉特提出的。该理论指出，任何系统至少存在一个瓶颈，否则它就可能有无限的产出。因此，要增加一个系统的产出，必须要突破系统的瓶颈。这个理论与我们经常看到的"木桶理论"或"短板理论"相似，它在美国企业界得到了广泛的应用，并在20世纪90年代逐渐形成管理体系（理念和工具的结合）。在演绎的过程中，高德拉特提出在公司运营领域需要关注3个核心指标：①有效产出，即公司通过销售获得的收入；②库存，即为了有效产出而投入的活动资产；③运营费用，即把库存转化为有效产出的花费。

供应链三角平衡理论

　　布拉姆教授是比利时弗拉瑞克商学院的客座教授，也是欧洲一家管理咨询公司的首席执行官。2018 年，他结合实践和理论研究出版了 *Supply Chain Strategy and Financial Metrics: The Supply Chain Triangle of Service, Cost and Cash*（《供应链战略和时务绩效：服务成本与现金的供应链三角》），在书中提出了供应链三角模型，即服务—成本—现金（见图 2-2）。在书中，布拉姆教授结合欧洲市场的案例做了大量的研究，发现服务、成本、现金三者存在着难以平衡的博弈关系。他认为传统组织里销售、财务和供应链具有的不同牵引力造成了这种矛盾和平衡的存在。同时，他试图通过论证去研究不同企业管理模型与供应链三角的关系。他的这本书，也是我目前看到的唯一一本关于供应链三角与企业经营财务的著作。该书多从理论和案例的角度对三者的关系展开论证，并没有结合模型对体系打造进行阐述。

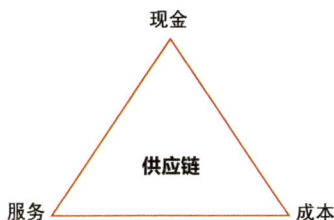

图 2-2　供应链三角模型

战略供应链思维

通过以上论述，我们可以这么认为，企业经营的价值信条理论阐述了企业价值创造的"金三角"，即产品、营销和供应链，而约束理论着重从企业运营的角度提出了3个关键控制点：有效产出、库存和运营费用。在约束理论的基础上，布拉姆教授的供应链三角平衡理论则从企业经营的角度找出了服务、成本与现金的三角平衡关系，三者之间是层层递进的关系。约束理论提出的3个关键控制点与供应链三角平衡理论提出的3个支撑点有很强的关联（见图2-3）。

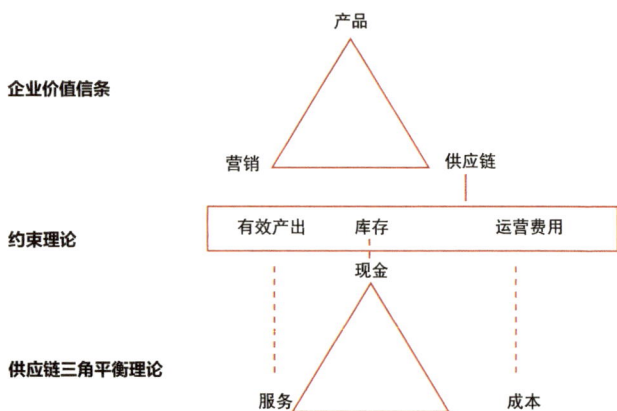

图 2-3　递进关系

供应链三角平衡理论的实证研究

在接触供应链三角平衡理论之前，我在长达十几年的实证工作中一直在运用供应链三角。2006年，在一家跨国公司从事供应链运营工作的时候，我发现在KPI的驱动下，人们做事往往不是从公司价值最大化的角度出发，同时部门与部门之间充满了矛盾。公司要求物流成本最低，物流部门绞尽脑汁地降成本，结果发现客户的订单往往得不到很好的满足，这引起了销售部门的强烈不满。而此时的供应链部门负责人要利用自己的人格魅力去进行"和稀泥式"的沟通，但是问题总是会重复出现，周而复始。于是在一次内部的管理会议上，我提出了三角平衡（见图2-4，与布拉姆教授的"三角"的区别在于"库存"一角）。但是当时我没有做任何理论研究，想法也是极其朴素的。后来，在经历了不同企业的不同发展时期，特别是在企业遇到经营压力的时候，我发现三者之间的冲突变得越发不可解决，因为每个部门在年初做预算的时候都被要求制定很大的挑战目标，基本没有妥协的空间。既然三者（库存、服务、成本）之间存在复杂的平衡关系，如何实现其平衡就变成我在职业生涯中思考最多的问题。通过在不同类型的企业中实践，我找到了一些方法。

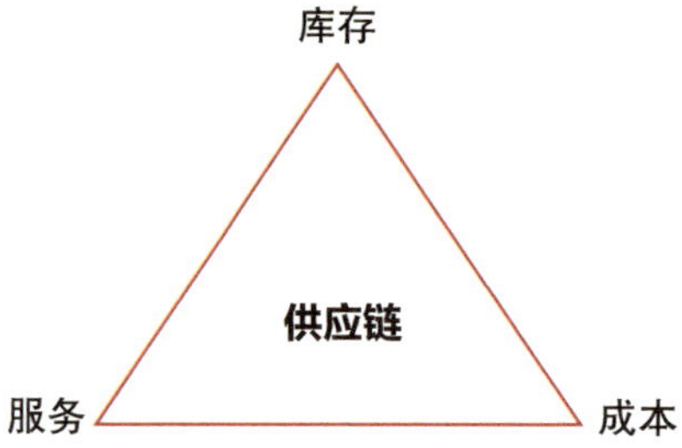

图 2-4 三角平衡

我们首先简单地对供应链三角的元素与股东权益和公司经营的脉络关系做一个梳理和演绎（见图 2-5）。

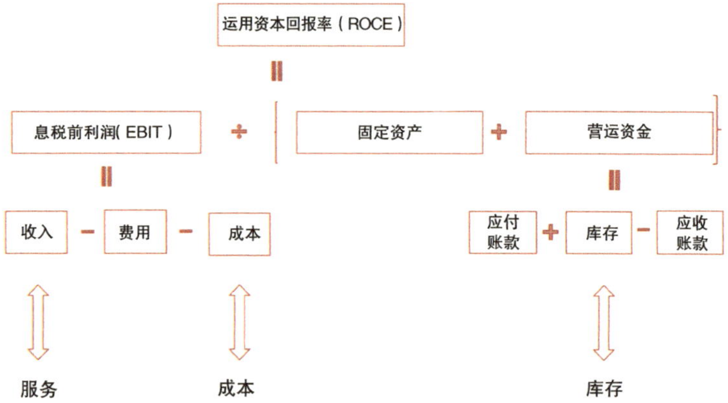

图 2-5 供应链三角元素与股东权益和公司经营的关系

第一，我们通常可以将股东权益理解为股东最关切的资本效率，也就是投入的资本与收获的利润之间的关系。有很多的指标可用于从不同的角度去阐述资本回报。我们选取其中一个指标——运用资本回报率（return on capital employed，ROCE）作为代表，它主要反映的是投资者视角的企业价值。运用资本回报率 = 息税前利润 /（固定资产 + 营运资金）。

第二，运用资本回报率的分子是息税前利润 (earnings before interests and tax，EBIT)。它的核心组成部分是收入和成本，收入来自当期订单收入确认。成本即总供应链成本，指从购买原材料到产品交付全过程的成本（含全过程管理成本）。

第三，分母部分的固定资产，主要投入是厂房、仓库、设备等供应链运营资料；营运资金 = 应付账款 + 库存 − 应收账款。应收账款一般情况下由市场和客户决定，应付账款由供应商决定，库存可以完全由企业掌控。

第四，库存除了对现金流有影响，对企业损益的影响也是存在的。在此，引入一个简单的"库存投资边际收益模型"来说明两者的关系。我设置了一组企业运营的起始模拟数据（见图2-6），基于起始数据模拟一组变化，当库存金额下降100个单位时，我们看到最后资本回报率提升了3.32个百分点（见图2-7）。它通过施加两方面的影响来达成这种结果：第一，库存金额下降导致其他流动资产减少，从而使资产周转率提高；第二，库存金额下降导致物流存储费用（在图中表现为"变动费用"）用下降，从而在不影响销售额的情况下提升净利润率。

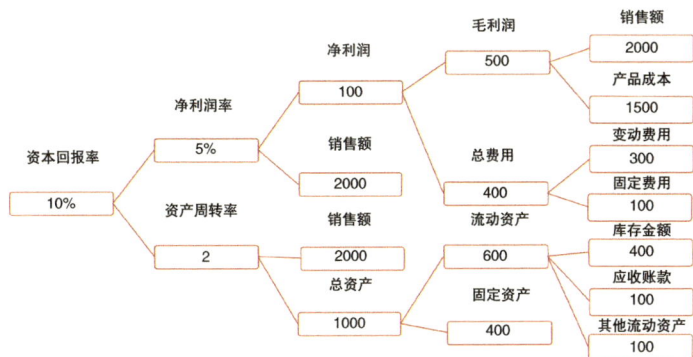

图 2-6　起始模拟数据

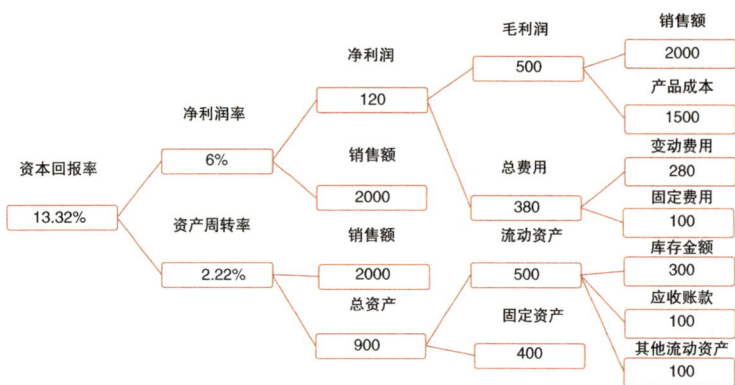

图 2-7　变化后的模拟数据

　　虽然库存、服务、成本在运营层面的矛盾不可调和，或者互相牵制，但通过以上演绎我们发现每一个指标都会直接影响企业的股东权益。因此我们思考所用的底层逻辑应该是，既然三者在运营层面的矛盾不可调和且指向同一个最高指标，我们是否应该运用逆向思维，从最高的股东诉求（运用资本回报率）出发去寻求三角关系的平衡状态和方向？也可以理解为，供应链三角的平衡是为了追求运用资本回报率最高。当然最理想的状态是运用低资本产生高利润。但是有两种情况也是可以被接受的，即高资本运用产生高利润，以及低利润需求、低资本运用。对于投入100元产生100元的利润和投入1元产生1元的利润，两者的运用资本回报率是一样的。因此，也可以拓展理解为，在企业经营中只看利润指标可能是不够的。

战略供应链思维的核心要义

既然我们理解了企业经营的最高指标是运用资本回报率，而这个指标又存在多重影响因素，那么企业在经营层面应该达成一种共识，即一切的经营活动或复杂平衡都需要围绕如何达成"最高指标"。企业应该有两条互相影响的逻辑主线：首先，需要从企业的运用资本回报率的真实诉求出发去设计一整套与之匹配的体系；其次，在运营过程中，要能够对复杂关系进行平衡，最终达到一定的运用资本回报率指标。基于这两条逻辑主线，我尝试着提出一种新的经营思维方式，即所谓的战略供应链思维，其核心要义如下。

第一，通过战略设计"供应链三角"，从而设计经营业绩。

亚马逊的创始人贝索斯曾经说过："当我们这个季度业绩表现很好的时候，有很多人会当面祝贺我们，我会说谢谢。但是我真正想说的是，这个季度的业绩是由3年前的努力决定的。"经营结果在很大程度上是从战略层次设计得来的，一方面供应链运营的结果直接反映企业经营的核心指标，即收入、利润、现金（见图2-8），最终直接影响最高指标——运用资本回报率。因此，企业经营者需要把供应链元素的设计纳入核心战略制定范围。另一方面由于供应链几乎牵涉公司所有业务部门，外接供应商和客户，部门与部门之间的冲突时常被认为是执行力或"部门墙"的问题，这是一个组织问题，本质上更是一个战略设计问题。

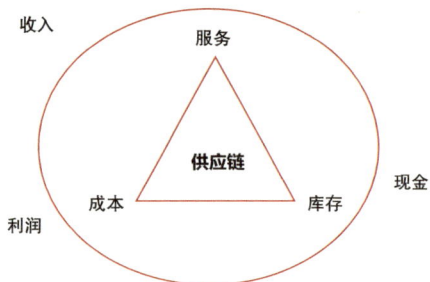

图 2-8　供应链运营对企业经营指标的反映

第二，通过过程管理驱动"供应链三角"，实现企业经营业绩目标。

"没有好的过程管理就没有好的结果。"传统的企业管理思路是按照会计准则进行，每月业绩分析会议从销售额、成本等方面让经营单位进行分析并制订下个月的改进计划。而这种方法是滞后的、被动的，很多问题的解决也缺乏系统抓手。供应链的三角要素直接反映经营指标，实时主动管理这些指标就可以获得当期的经营结果。在关注当期经营结果的同时，通过销售与运营计划体系提前规划未来的中期经营业绩，就可以形成当下和未来两手抓的格局。这形成了业务过程管理的"双轮"驱动，一个驱动当下，另一个驱动未来。

第三，核心思想是取舍和动态平衡。

从我个人的亲身实践及布拉姆教授的大量欧美案例论证来看，供应链三角在运营层面的矛盾是无法避免。优化服务的时候，可能同时带来库存和成本的增加；同样，企业如果想要把成本控制到最低水平，也可能带来服务质量的下降和库存的增加。也可以说现实状况中存在一个"不可能三角"：最低的总成本、最低的库存和最好的服务。当然，我之后会详细分析，所谓的最低或最好一定是相对的，需要科学地比较。以下 3 种图形（见图 2-9）呈现了供应链三角的不同形态。我们认为 C 图代表着相对均衡的状态，能够实现整体的最优，是理想状态。但是现实情况是，大部分的企业对应 A 图或 B 图的形状。对此，我们提出两个观点，一是要找到与当前战略选择和运营能力匹配的供应链三角平衡，一定需要取舍，要接受这个现实；二是企业是动态发展的，随着运营能力的提升和战略方向的调整，可以无限接近 C 图的状态，这就是动态平衡。

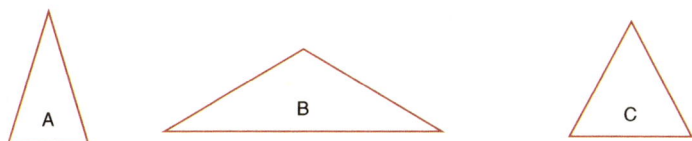

图 2-9　供应链三角的不同形态

对大部分企业来说，应该重视产品研发，因为那是企业未来的希望；应该重视营销工作，因为它可以直接为企业带来收入。而我们在很大程度上忽视了成本、库存和服务对经营业绩的巨大影响，往往认为供应链是操作部门，仅仅通过部门这一抓手去追求局部成本最低。通过本章的阐述，我希望大家明白，供应链是成本中心，也是利润中心，更是提升股东价值回报的直接抓手，需要从战略层面去审视。

对于战略供应链思维如何实现从理念到方法论的落地，即从战略层面设计到运营承接并通过过程管理驱动经营业绩提升，我们将在随后的章节中逐一展开分析。

战略供应链思维的运用

我们试图在本章阐述战略供应链思维在企业落地的至关重要的环节——与文化和企业适配。因为，一种思维方式的方法论落地如果与当地文化产生冲突，与企业发生"排异"现象，大概率会失败。

中国传统文化与战略供应链思维

　　首先，我们尝试着去理解中国传统文化与战略供应链思维的核心思想是否冲突。中国的传统文化在长期的传承过程中主要受到几种思想的影响，其在潜移默化中已经为中国人的思维和行为方式打上了深深的烙印。《周易》这本书中有很多关于自然运行的道理，比如卦的基本单位"爻"，它的寓意就是万事万物都在不断地变化；"太极生两仪，两仪生四象，四象生八卦"则说明了万事万物的变化有其客观规律。古代著名思想家老子，他的核心思想是"道生一，一生二，二生三，三生万物"。天地运行有其"道"，万事万物都是从简单演变到复杂，而复杂表象的背后有其客观的运行规律。他也认为，"万物负阴而抱阳，冲气以为和"。万事万物都是阴阳共同体，相对而相依，犹如一个硬币的两面。我们可以从现实生活中看到很多关于朴素辩证的哲学的智慧表达，即"祸福相依""否极泰来"等。"舍得"一词也体现了对立和统一的辩证观，《了凡四训》中有如此表述："舍得者，实无所舍，亦无所得。"

　　"企业即人"，它的运行遵循一样的规律。在企业经营中我们需要认识到，第一，企业永远都在动态地变化，市场环境在变，企业自身也在变；第二，复杂现象的背后一定有一个根本的原因，那是我们需要寻找的"道"；第三，企业在因果关系中发展，今天是昨天的"果"，今天又会成为明天的"因"；第四，不放弃就不会得到。我们不能奢望得到全部而不做任何舍弃。如果你认为今天自己得到了全部，也许你就正在埋下未来失去更多的隐患。我们提出的战略供应链思维的核心思想是取舍和动态平衡。取舍对企业来说，就是战略舍弃个别的短期的利益以得到长期的系统的最优。动态平衡的本意是，企业发展变化的过程就是建立平衡—打破平衡—建立新平衡的循环往复的过程，在动态过程中，始终抓住"道"，就不会迷失方向。

中国企业与其经营者

企业的发展和特征

企业是"时代的选择",有其特殊性。从 20 世纪 90 年代中后期开始,中国的一批现代企业开始起步。在几十年的时间里,中国经济的"三驾马车"齐头并进:基础建设大投资、内需强劲增长和全面融入全球化贸易。中国企业依靠国家的政策和自身的勤奋,发展速度可谓惊人,最终确立了中国制造在全球的地位。另外一批企业是在 2000 年左右涌现的互联网企业,它们的出现对社会分工和效率提升的改变是颠覆性的。还有一批企业是在 2015 年之后依托于互联网时代出现的本地创新品牌,它们正在逐渐扛起"中国品牌"的大旗。

在几十年的发展中,有两类比较典型的企业。一类是新品牌。它们开启了"颜值即正义"的时代,能够通过产品创新和消费者触达实现产品溢价。但是 AC 尼尔森的核心数据调查显示,新品牌的平均寿命不超过 18 个月。为什么会出现这种情况?如果我们深入研究应该会发现一些现象。①这些公司的创始人或联合创始人一般有市场营销或产品设计的背景,它们在消费者洞察和产品设计上有特别的长处。②由于公域平台的资源（消费者数据、渠道、物流等）的可得性很强，新品牌比之前的品牌更容易快速实现从"0"到"1"。③持续进行大量的营销成本投入，但是企业的赢利能力欠缺，在从"1"到"100"的过程中陷入"不投没销量，投了没利润"的怪圈。④企业饱受运营的挑战，过度依赖社会资源，缺乏管理的系统能力，最终丧失定价权和成本控制能力。而大企业、成熟品牌会在前期进行观察、准备，在"死亡之井"的阶段（见图3-1，引自刘润公众号）进入市场，享受市场红利。

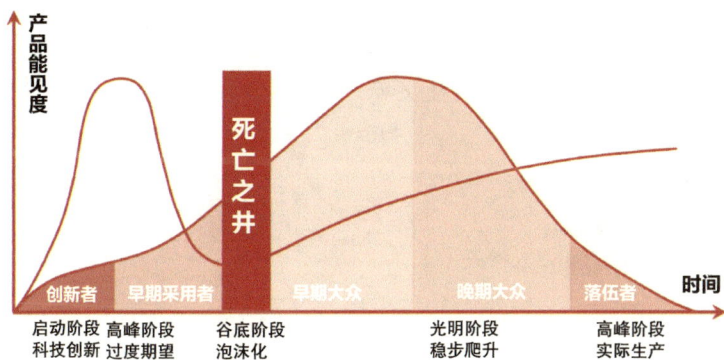

图3-1 "死亡之井"

另一类是传统制造型企业。这类企业普遍处于"大而不强，小而不精"的状态——这也正是国家提出实施"中国制造2025"和发展"专精特新"中小企业的原因之一。这类企业收获了全球化和中国市场释放的红利，现在大部分面临残酷的"红海"竞争。所以，企业战略转型是经营者的首要任务，而这个任务显得异常艰难。这些企业也存在以下情况：①目前创始人仍然坚守在管理岗位，大部分创始人有销售或生产背景；②企业经过数十年的运营，积累了丰富的客户群体和较好的行业口碑；③产品质量稳定但缺乏溢价空间；④由于市场萎缩和竞争激烈，毛利水平逐步下降。管理思想大师查尔斯·汉迪在《第二曲线》（见图 3-2）中提到，时代的发展已经让企业的平均寿命从过去的 40 年缩短为 14 年。这类企业在竞争中已经明显感觉到在走下坡路，而且下坡的速度很快。它们达到了一个窘境中的平衡，需要打破这种平衡才能找到企业增长点和"活下去"的动能。

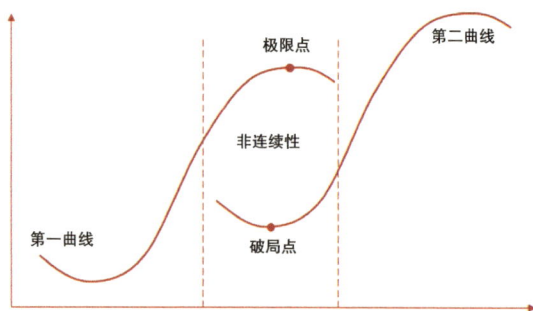

图 3-2 第二曲线

企业经营者的特征

企业经营者对企业的影响至关重要，特别是"1 号位"，其影响程度甚至超过了 50%。所以，我们今天讲任何管理思维、理念和变革都绕不开企业经营者。由于每个企业的组织结构和生态不同，大部分企业也并没有真正区分董事会和经营者，这里我们对"企业经营者"做一个明确定义，就是以企业"1号位"为中心的核心领导者。

当前，大部分企业经营者确实处于"焦虑"的状态，焦虑的点在于找不到 "良方"帮助企业走出困境。所以，它们一方面通过"国学"修心，另一方面积极寻求各种管理模式和工具创新。这两条路无疑都是正确的。但是，应该先找到"道"，再将"道"演绎成"法"和"术"来解决问题。"道"至关重要，实际上它是企业经营者通过认知能力的提升并结合企业实际情况形成的新思维，它是有机的，不是拼凑的。如果只是急于解决问题，照搬别人成功的方法和工具，一般都难以成功。我曾经在一家企业学习和落地实践过3种不同的管理模式——阿米巴经营模式、"人单合一"模式、华为模式，结果都失败了。我也曾经尝试把"阿里铁军"文化植入一个销售部门，最后也失败了。当然，失败的原因很多，总结来看最核心的有3条。①认知出现偏差。"橘生淮南则为橘，生于淮北则为枳，叶徒相似，其实味不同"。成功企业的成功要素有很多，具有唯一性，片面地复制大概率会出现"水土不服"的情况。②企业经营者并没有掌握正确的学习方法，没有充分消化和升华学习方法，过于关注推进速度。③管理模式变成了绩效工具，希望通过绩效管理来驱动组织和个人创造价值，犯了本末倒置的错误。

企业经营者的学习之"道"

企业经营者要找到"道"，确实需要正确的学习方法。

"学"和"习"在古汉语中是两个完全不同的词。在字形上，甲骨文中的"学"字（见图3-3A）是由"两只手朝下的形状（见图3-3A1，有以两手帮助、扶掖、提携、教导之意）"、"爻（见图3-3A2，表示物象的变动、变化，知识无穷）"和"一间房子的侧视形（见图3-3A3，表示这间房子是学习的地方）"组成。之后，周代早期的"学"字（见图3-3B）的"房子"里增加了"子"，其表达的意思趋于具体、完备。"学"，简单地表述就是，我们在一个场所里与老师或其他人（同学、同事等）互相讨论事物的变化，以获得认知水平的提高。有一句网络流行语——"你永远挣不了认知以外的钱"，启示企业经营者要提高认知水平。对于"知识，knowledge"和"认知，knowing"，我们需要做一个区分。简单地举一个例子，判断股市涨跌是认知，分析股票价值是知识。知识是大家的，认知是自己的。认知代表着已经吃透知识，并能够总结、应用规律，认知水平的提高将直接带来能力的提升。《大学》有云："大学之道，在明明德，在亲民，在止于至善。知止而后有定；定而后能静；静而后能安；安而后能虑；虑而后能得。"学的目的一定是提高认知水平，明道而后得。企业经营者提高认知水平的目的就是掌握"道"（见图3-4）。

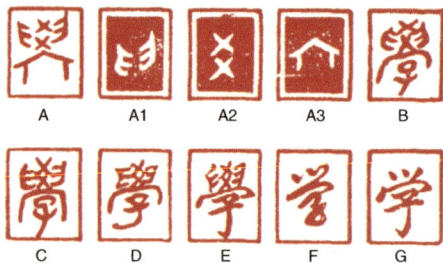

图3-3 "学"字的演变

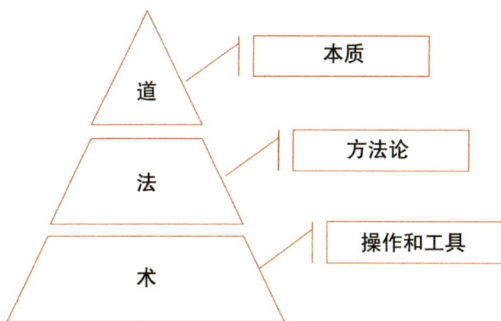

图 3-4　提高认知水平

　　"习（习）"（见图 3-5，部分内容来自百度百科）在古汉语中最早见于商代甲骨文，其古字形一般认为像鸟在日光下练习飞行。习的基本义是练习，又表示因多次接触养成的不易改变的行为，即习惯。通过学获得的"认知"要在实践中反复练习才能变成个人习惯。子曰："学而时习之，不亦乐乎？"即使我们掌握了"道"，没有方法论和反复实践，恐怕也只能变成纸上谈兵之人。因此，"学"和"习"结合起来就是指要提高认知水平并反复实践。

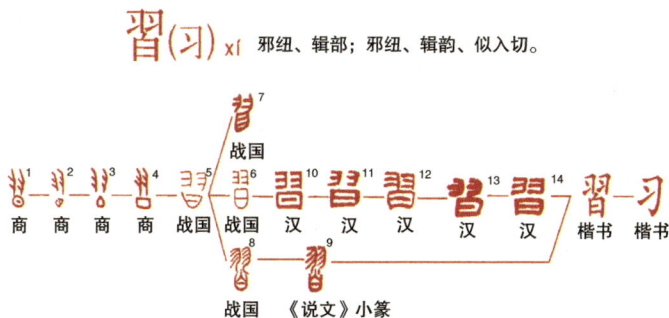

图 3-5　"习"字的演变

战略供应链思维的理念和行动转化

我们再回到战略供应链思维。首先,"取舍和动态平衡"的核心思想,结合了中国传统文化和西方管理思想,也在实践中反复检验过,我认为对企业具备一定的普适性。在此基础上,进一步把"思维"转化为理念,那就是,通过聚焦核心能力创造企业价值,通过战略合作为伙伴创造价值,通过整合为客户创造价值。"通过聚焦核心能力创造企业价值"就是专注于企业核心竞争力的建设。企业一定要放掉不能做或没有优势做好的部分,千万不能贪大求全。"通过战略合作为伙伴创造价值"就是把供应商和员工视为合作伙伴,在帮助他们创造价值的同时实现股东价值。"通过整合为客户创造价值"建立在前两者的基础上,也就是通过端到端的整合,在产品和服务上提供超出客户预期的价值。总体来说,企业价值必须要通过实现客户价值和伙伴价值来实现。这个思路的调整需要企业经营者站在全局和战略的角度审视,以找到能真正创造企业价值的正确路径和关键着力点。成功企业几乎都在这样践行,在后续章节中我会重点阐述。

将理念落实到行动上,我认为需要做到4个"一致"。一是一致变革。固有思维会形成强烈冲击，以"1号位"为核心的管理层坦然接受自我变革是一切的起点。二是一致思想。管理层形成统一的思想是行动成功的第二步。三是一致语言。对于组织内外的沟通，企业要做到上通下达，要做到简单直接，没有复杂理念和概念。四是一致行动。"1号位"要亲自主抓并全程参与，各管理人员需要全情投入并层层负责。

　　本章的一个重要的突破是把战略供应链思维的核心思想转化为理念和行动指导。非常关键的是，在理念层次达成共识并付诸行动是一切的基础。后续章节将遵循"思维—理念—方法论"的逻辑，系统地、有层次地展开论述，内容包含制定公司的核心战略和供应链战略，如何基于战略建立"流程—组织—绩效—战略合作—可持续发展"的体系。

第

4

章

核心战略制定

本章重点阐述战略是什么，什么是企业核心战略，以及如何基于战略供应链思维制定企业核心战略。

在正式开始之前，我尝试把本章及后续章节的逻辑关系用最简单的表述让大家弄明白。帮助大家找到与企业经营元素有关的内容。举例来说，如果你决定自驾游（经营企业），我认为，核心战略是方向和目标，流程是行车系统，组织是承载系统，绩效是动力系统，可持续是安全系统。要想确保准时到达目的地，其中的任何一个要素都非常重要。但是，方向和目标是一切的基础。

战略是什么

　　"战"是战争，而"略"的定义最早出现于《小尔雅》："略，界也。"，《左传·昭公七年》提到"天子经略土地，定城国，制诸侯"。春秋时期出现了中国第一本指导战争的书《孙子兵法》，至此就有了与战略比较近似的策略、韬略等词。它是指用于指挥战争全局的计谋。从以上的表述中，我们可以总结出，全局和计谋是战略的必要条件。

企业战略的定义及重要性

企业战略的定义

维基百科对"企业战略"的定义如下："一个明确定义的长期愿景，由组织制定，寻求创造企业价值和激励员工的行动，以实现客户满意。"这个定义提到了企业战略中的所有必要因素。第一，"长期愿景"。就好像人生哲学要回答"我是谁，我从哪儿来，我要去哪里"的问题，"使命、愿景、价值观"是什么，是企业必须要回答的问题，也是最重要的问题。"使命是什么"是要回答企业要干什么，"愿景是什么"是要回答企业要去哪里，"价值观是什么"是要回答企业由一群什么样的人组成。第二，"创造企业价值"和"激励员工"，把创造企业价值和激励员工作为实现客户满意的并列条件，底层含义是要重视创造价值的员工。第三，"组织制定"。战略是一个组织行为，驱动战略制定和落地的第一责任人是企业的"1号位"，但是它是凝结组织智慧并驱动组织前行的一个重要因素，战略与组织的行为是相互融合的。

一个优秀的企业战略在表象上要具备方向感、价值感和亲和感。"方向感"是指组织外部的人能通过企业战略"阅读"到清晰的方向，组织内部的人能感受到清晰的方向。"价值感"是指 3 种人群（客户、员工、股东）能清晰地感受到企业战略与自身价值实现之间的关系。"亲和感"是指企业战略不是高高在上的，而是能够引起组织内外部相关人群的共鸣。

企业战略的重要性

商场如战场，企业战略是企业发展最重要的部分之一。战略是做正确的事，战术是正确地做事，战略考虑的是方向问题，战术则更关注效率。管理大师彼得·德鲁克曾经说过："在超级竞争的环境里，正确地做事很容易，始终如一地做正确的事情很困难，组织不怕效率低，组织最怕高效率地做错误的事情。"美国国家智库兰德公司的一项调查显示："85% 的大企业倒闭是由管理者的重大决策失误造成的。"我们通常会在企业中看到两种比较普遍的情况。第一种没有认识到战略的重要性，认为战略就是务虚的东西，没有实际作用，企业经营主要靠每年的预算或年度经营计划来驱动。这种企业的普遍声音是"我们今天都活不下去了，还能谈明天吗？"第二种，战略与运营"两张皮"。企业经营者认识到了战略的重要性，但是缺乏正确的方法论，制定的战略往往与运营脱节。这种企业的普遍情况是，"1 号位"热衷于抓战略、谈战略，团队内心反感却无法抵抗，最后的情况是开完战略会议后，可怜的"战略"就被束之高阁了。这两种企业有一定的相似性。第一种企业本质上是一直有战略的，这种企业之所以能够发展壮大，是因为"1号位"对市场机会的敏锐把握起了至关重要的作用，而他们对市场的判断、分析的过程实际上就是战略制定的过程，只是他们没有意识到制定战略应该从"个人"变成"组织"的行为。随着市场的复杂度增加和竞争的白热化，这种依靠"个人"的做法风险越来越大。第二种企业的"1号位"已经认识到了这个问题，这种认知水平的提升得益于两个方面，即企业捶打和知识培训，于是企业成立了战略部门，但在实际运行过程中却发现战略的抓手和经营的抓手老是交叉，下面的部门苦不堪言。我们可以说，这两种企业都缺乏对战略的正确认知。

不管现实多么有挑战性，我们都应该清醒地认识到：战略是公司经营的起点。首先，战略是方向。正如前面提到的，如果把企业经营比作自驾游，第一个要明确的就是要去哪里和是否选择了正确的路。如果走反了方向，速度越快，离目的地越远。我们经常讲"既要低头看路，也要抬头看天"，就是说一边要脚踏实地，加足油门，一边还要盯好方向和路口，及时刹车和调整。其次，战略与当前的经营业绩是相辅相成的关系。前面提到的亚马逊创始人贝索斯的观点，也是很多成功企业家的观点。当前的经营业绩是战略设计的结果，而同时当前的经营又是战略实现的关键要素，两者是有机结合和密不可分的。最后，战略是解决组织问题的源头。战略较之于经营活动的抓数据和抓实务确实相对空洞，但是战略是把组织激活的一个决定性因子，制定战略和战略落地的过程是统一思想的过程。一群人有统一的方向和目标是前提，否则再好的激励措施都只会让个体做"布朗运动"，形成组织内耗。

制定企业战略常用的方法论和工具

本节中，我会选择性地介绍一些制定企业战略常用的方法论和工具，希望帮助大家从运用的角度更好地掌握它们。

麦肯锡七步分析法

麦肯锡七步分析法是麦肯锡公司根据大量案例，总结出的一套应对商业机遇的分析方法。它是一种在实际运用中，对新创公司及成熟公司都很重要的思维和工作方法，一共分为7个步骤。

①陈述问题（明确要解决的基本问题，进行具体的、有内容的描述，清楚列示涉及的各方面信息）。

②分解问题（完全穷尽，相互独立）。

③消除非关键问题（用二八法则发现关键驱动因素）。

④制订详细的工作计划（明确按什么顺序和怎样进行分析）。

⑤对关键的议题进行分析（以假设为前提，以事实为依据，进行结构化论证）。

⑥得出有结构的结论。

⑦形成有说服性的方案（简洁明了，重点突出）。

PEST 分析工具

PEST 是 4 类影响战略制定的因素的英文单词的首字母：政治的（political）、经济的（economic）、社会的（social）、技术的（technological）。PEST 分析工具是分析外部环境的基本工具和方法，它通过对 4 个因素的分析从总体上把握宏观环境，并评价这些因素对企业战略目标和战略制定的影响。PEST 分析针对的是宏观环境（见图 4-1），但不是每一个企业都需要高频率地进行宏观环境分析，做不好就成了"假大空"。

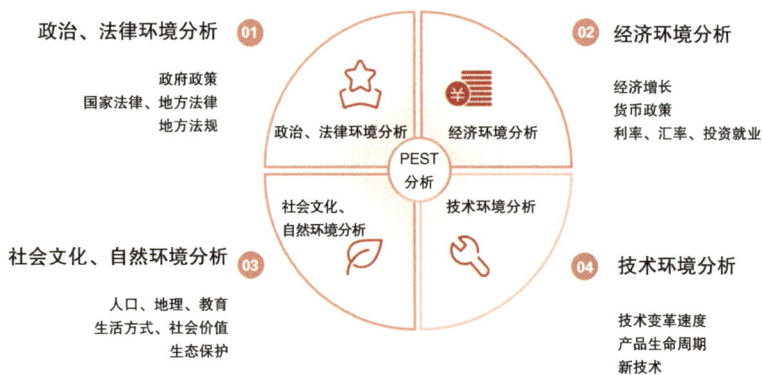

政治、法律环境分析 01
政府政策
国家法律、地方法律
地方法规

经济环境分析 02
经济增长
货币政策
利率、汇率、投资就业

社会文化、自然环境分析 03
人口、地理、教育
生活方式、社会价值
生态保护

技术环境分析 04
技术变革速度
产品生命周期
新技术

政治、法律环境分析　经济环境分析

PEST 分析

社会文化、自然环境分析　技术环境分析

图 4-1　PEST 分析

SWOT 分析法

SWOT 分析法即态势分析法，于 20 世纪 80 年代初由美国旧金山大学的管理学教授韦里克提出。S（strengths）是优势、W（weaknesses）是劣势、O（opportunities）是机会、T（threats）是威胁（见图4-2）。按照企业竞争战略的完整概念，战略应是一个企业"能够做的"（即组织的优势和劣势）和"可能做的"（即环境的机会和威胁）的有机组合。SWOT分析法通过评价企业的优势、劣势以及竞争市场上的机会和威胁，对企业进行深入、全面的分析及竞争优势的定位，将企业的战略与内部资源、外部环境有机结合，从而帮助企业制定战略。SWOT分析法隶属于企业内部分析方法，用系统的思想将相互独立的因素匹配起来进行综合分析，使得企业战略的制定更加科学、全面。但是，SWOT分析法采用定性分析方法，不可避免地带有精度不够的缺陷，并带有一定程度的主观臆断。

优势	机会
劣势	威胁

图 4-2　SWOT 分析

波特五力模型

波特五力模型由迈克尔·波特于20世纪80年代初提出，对企业战略的制定影响深远。它通过分析供应商和购买者的讨价还价能力、潜在竞争对手的威胁、替代品的威胁，以及来自同行业的公司间的竞争，具体地分析一个行业的基本竞争态势（见图4-3）。波特五力模型假设的前提是行业的规模是固定的，同行业之间只有竞争关系，没有合作关系，这也是它的缺点。

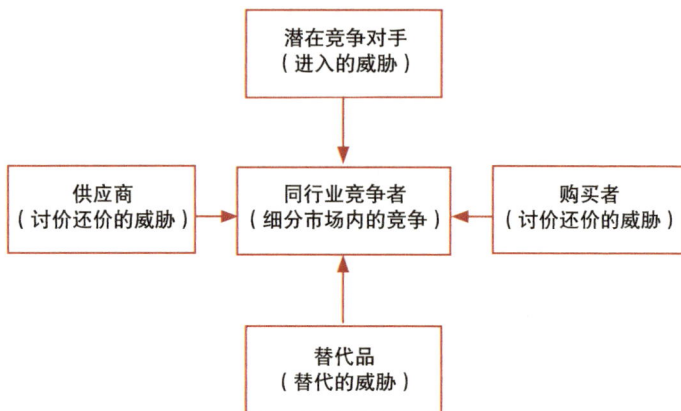

图 4-3　波特五力模型

波士顿矩阵

波士顿矩阵又称市场增长率-相对市场份额矩阵、四象限分析法、产品系列结构管理法等，由美国著名的管理学家、波士顿咨询公司创始人布鲁斯·亨德森于1970年提出。它通过系统分析企业的全部产品或业务组合，解决企业经营中相关业务之间现金流量的平衡问题；分析企业的产品品种及其结构是否适应市场需求的变化，决定如何将企业有限的资源有效地分配到合理的产品结构中，以保证企业收益（见图4-4）。波士顿矩阵还有一种演化是"通用矩阵"，在此不做介绍。

图4-4 波士顿矩阵

以上列举的方法论和工具大部分是大家耳熟能详的，下面简单地梳理一下它们在实际企业战略制定中的使用逻辑。第一，如果战略制定涉及从思考到方案呈现的全过程，推荐大家使用麦肯锡七步分析法。第二，在分析的过程中，如果企业对宏观政治、经济环境的依赖较大或外部环境发生剧烈变化，推荐使用 PEST 分析工具。否则，进行正常的规律性的战略更新用 SWOT 分析法就可以。第三，在进行竞争分析时，建议用波特五力模型进行市场竞争情况的年度扫描。第四，如果企业的产品众多，分析企业产品组合和投资策略是完全有必要的，而波士顿矩阵能够清晰地反映企业资源匹配的方向。以上方法论和工具的正确使用，能够对企业核心战略的制定起全面的奠基作用。

平衡计分卡

对于从分析到战略落地的情况，推荐有条件的企业学习并使用平衡计分卡。平衡计分卡由美国管理学家卡普兰与诺顿于1992年提出，被誉为"75年来最伟大的管理工具"。它是从财务、客户、内部运营、学习与成长4个角度，将组织的战略落实为可操作的衡量指标和目标值的一种战略落地工具。第三代平衡计分卡体系包含一张"战略地图"（见图4-5），一张"平衡计分卡"（见图4-6），一张"行动计划表"。另外，平衡计分卡重点强调了战略型组织是推动战略落地的重要因素。

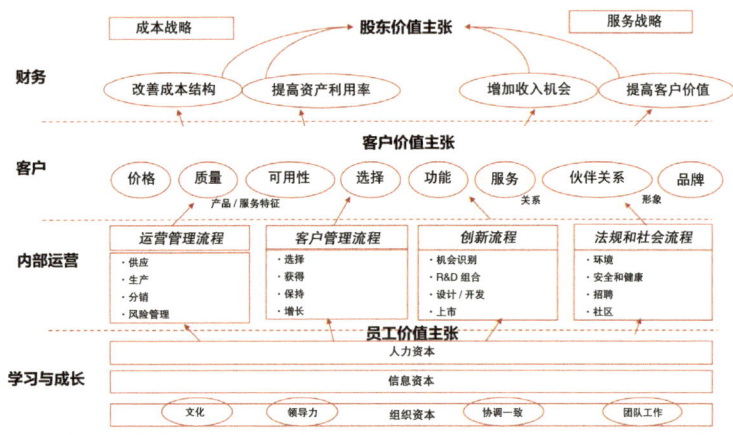

图 4-5　战略地图

我们通常认为战略型组织是具备以下5个特点的组织：①将战略转变为业务术语；②使组织与战略一致；③使战略成为每个人的日常工作；④使战略成为连续的过程；⑤通过果断、有效的领导方式动员变革。

平衡计分卡从 4 个方面对战略进行分解

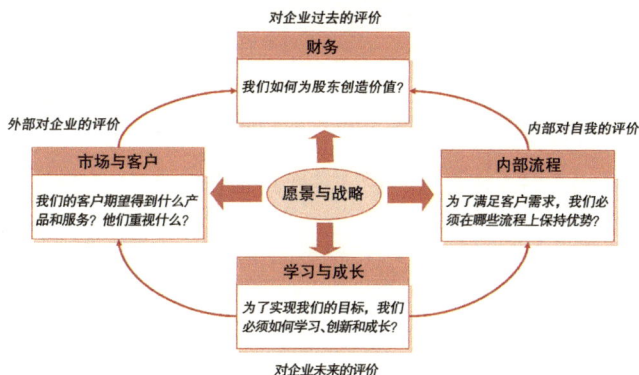

对企业过去的评价

财务

我们如何为股东创造价值?

外部对企业的评价

内部对自我的评价

市场与客户

我们的客户期望得到什么产品和服务?他们重视什么?

愿景与战略

内部流程

为了满足客户需求,我们必须在哪些流程上保持优势?

学习与成长

为了实现我们的目标,我们必须如何学习、创新和成长?

对企业未来的评价

图 4-6 平衡计分卡

平衡计分卡是让企业战略从"务虚"走向"务实"的一座关键桥梁,你可以认为它用科学的方式承接了战略分析的结论,并将其转化为战略目标和跟进体系。在制定战略目标的时候,部分企业过往在指标设计中过度关注财务指标,忽略了其他指标对企业发展的重要性。平衡计分卡则突出如客户、组织、流程对企业经营的关键作用。"平衡"是整个系统设计的核心,这一点与战略供应链思维的核心思想是一致的。在介绍战略供应链思维转化为理念的时候,我们提到的 3 种价值(股东价值、客户价值、伙伴价值),与平衡计分卡强调的价值也是大体一致的。但是,平衡计分卡也有其缺点:①专业技术要求高,工作量比较大,需要持续地沟通和反馈,实施起来比较复杂,实施成本高;②各指标权重在不同层级的分配比较困难,且部分非财务指标的量化工作难以落实;③系统性强,涉及面广,需要专业人员的指导、企业全员的参与和长期持续的修正完善,对信息系统、管理能力的要求较高。

战略制定优化版本——平衡计分卡与战略供应链思维的融合

对于管理成熟的大企业，全套落地平衡记分卡体系无疑是最好的选择。但基于企业的现状，全套落地平衡计分卡体系确实存在很大的挑战。如果没有强有力的管理支撑，大概率会落得个劳民伤财的结果。对这些企业来说，一定要简单、直接地解决问题。基于以上情况，我提出一个优化版本，这个版本的内容包含两个方面：第一，结合战略供应链思维和平衡计分卡打造一个简易版的体系，便于大部分企业在战略制定的过程中理解和落地；第二，聚焦企业的核心战略，而不是"教科书战略"。"教科书战略"一般会要求企业反反复复地在文字内容上有很多的投入，核心战略只聚焦于3个要点和1个关键输出。

在此，我们有必要介绍一下企业核心战略的内容。前文提到战略供应链思维转化为理念的一个核心要点是"通过聚焦核心能力创造企业价值"，我认为，企业的资源是有限的，与其花大量精力学习"教科书战略"，不如毕其功于一役，从千丝万缕中找到"聚焦点"。少就是多，战略制定是企业经营的起点，从这里我们就要聚焦。因此，我们要从战略管理中找到最核心的 3 个部分，"三生万物"，抓好这 3 个部分就牵住了企业的"牛鼻子"。这 3 个部分，即"灵魂三问"、基本竞争力选择、战略目标，有着非常强的逻辑关系（见图 4-7），下面分别进行阐述。

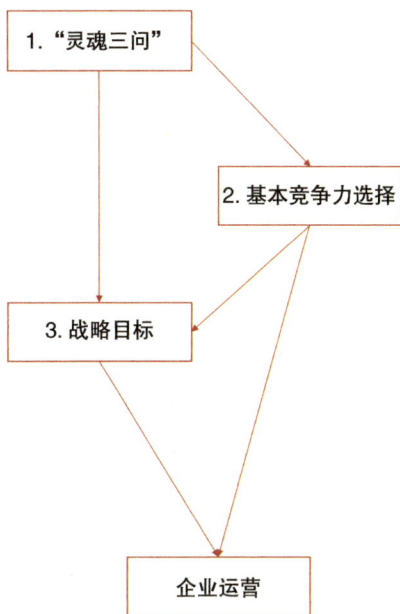

图 4-7　战略管理中最核心的 3 个部分

"灵魂三问"

前文提到，"使命、愿景、价值观是什么"，是企业必须要回答的问题，也是最重要的问题，即"灵魂三问"。"使命是什么"是要回答企业要干什么，"愿景是什么"是要回答企业去哪里。"价值观是什么"是要回答企业由一群什么样的人组成。通常判断一个公司优不优秀，短时间内通过观察"灵魂三问"的答案就能看出个大概。苹果公司被认为是目前全球最伟大的公司之一，以下是该公司关于"灵魂三问"的答案。从答案中我们能够感觉到苹果公司以创造优质产品作为公司永恒的方向，而采用的方法是不断创新产品、优化用户体验。价值观则是公司关注的一些关键词，每个关键词都代表着一种价值主张。

使命：通过创新把最好的体验带给用户。

愿景：我们身处地球去创造优质产品。

价值观：包容性和多样性，教育，可及性，环境，供应商责任和隐私。

很多企业回答"灵魂三问"，常常会演变成探讨"企业文化"，在过程中喜欢把内容发散到一个很大的范围，加入很多内容，生怕不能将问题讲清楚。所以我们经常看到一些企业写了满满两页纸的"企业文化"，将"企业文化"挂了满满一墙。一些企业在使命、愿景、价值观的基础上，又加入了"司训""经营理念""管理理念""人才观""服务观"等，还有的企业干脆画出一张极其复杂的图来说明这个问题。我在此提出几个观点供大家参考：①"灵魂三问"是为了帮助企业确定方向和凝聚组织，回答清楚这 3 个问题足矣；②"灵魂三问"的答案是从企业基因中提炼出来的；③"灵魂三问"是凝聚人心的工具，其答案要放在心里，而不只是挂在墙上；④"灵魂三问"答案要简单、直接，便于理解和传播。"灵魂三问"的答案是战略制定的起点，它也是动态发展的。企业一般在进行年度战略规划的时候不太会涉及"灵魂三问"，如果企业长时间没有做过回顾，还是有必要进行一次深度的"作业"，一般建议 3 年左右做一次迭代。

基本竞争力选择

基本竞争力选择就是我们通常说的核心竞争力选择。之所以用这个词，实际上是需要表明两个观点。第一，"基本"就是本源，由企业基因带来，或者说是企业的安身立命之本。第二，"选择"就是取舍，我们经常说"战略就是选择"，最重要的就是落实"选择"这个点。基本竞争力选择是认清自己后做出选择的过程，看似简单，其实非常有挑战性。认清自己本身就很有难度，还要艰难地做出选择，可谓难上加难。但这是核心战略制定必须完成的关键动作。

迈克尔·波特在《什么是战略？》中提出："公司要么追求成本优势，要么追求差异化优势。"在《物流与供应链管理》一书中，英国克兰菲尔德大学克里斯托弗教授谈到了成本优势与价值优势。他还认为，最强大的公司既有成本优势，也有价值优势。原则上，价值优势有两种：产品差异化或服务差异化。克里斯托弗教授认为："产品类别中的技术越来越趋同，这意味着通常不再可能基于产品差异进行有效竞争"。从本质上讲，他认为产品维度上的竞争是无效的。今天的企业，在一般情况下，我认为其基本竞争力有 3 个方向。第一，创新，指通过强大的产品创新能力驱动经济增长。第二，服务，指通过产品和服务的系统组合，使客户有很强的黏性。第三，成本，指通过卓越的运营体系提供在市场上具有价格竞争优势的产品。这可以与我们前面提到的企业经营的价值信条紧密联系起来。这里不提质量，不是质量不重要，而是因为不管基本竞争力是什么，质量都是一个必要条件。

对于全球的优秀公司，我认为它们在这3个方面不仅没有明显的短板，而且可以相对平衡地稳定提升3个方面的能力，同时它们也会清晰地找到自己的"长板"去制衡对手。而对于大部分中国企业来说，它们的资源是匮乏的，短板明显且短时间内很难补齐。这时候它们更应该做的是，把"矛"磨得更锋利，这是相对容易在短期内见效的，在"短兵相接"的过程中，站稳自己的位置，获得喘息的机会，完成自我的养分补给，从而逐步改变被动的局面。要做就要做到完全聚焦，把所有的资源用在一个点上，让它"压强最大"。对于大部分传统制造企业来说，成本一定是其基本竞争力。而对于很多"新"品牌来说，创新一定是其基本竞争力。

企业在3项基本竞争力中只能选择一项，而所有体系的搭建和能力建设都是基于这项基本竞争力进行的。基本竞争力是动态发展的，随着企业的发展发生变化，建议企业在每年的战略会议中都要讨论。我们经常碰到企业有两种不同的情况。第一，企业要选2项或者3项基本竞争力来抓。它们认为每一项都很重要，企业都要认真抓，要补齐短板。这个观点没错，但前提是企业足够优秀且有丰富的资源。我们看到的一些案例是，企业经营者非常努力地在抓短板，但是日复一日、年复一年，短板依然存在，长板却变短了。第二，企业分辨不清什么是自己的基本竞争力。这类企业用的是"苹果对梨"的比较方法，用自己的长处去跟不同竞争对手的短处比，发现好像自己的哪一项都还可以。

战略目标

如果把"灵魂三问"比作"一"，"基本竞争力选择"比作"二"，"战略目标"则是"三"，"一生二，二生三，三生万物"。战略目标无疑是战略转化的"中途岛"，也是企业经营的抓手。我将重点阐述 3 个方面的内容。第一，战略目标框架如何搭建。第二，战略指标应该怎么选择。第三，战略目标应该怎么判定。

战略目标框架

首先，我们要引用平衡计分卡体系，因为它能系统地把 3 种价值都反映出来，能够既全面又有重点地指导企业的运营。在此，需要赘述一下 3 种价值的逻辑关系。股东价值要通过员工价值和客户价值的实现来实现，企业经营者只从财务数据切入去抓运营的做法是片面的，往往得不到想要的结果。平衡计分卡（见图 4-8）分为 4 个层面，分别是财务、流程、客户、学习与成长。结合企业的实际情况，我对平衡计分卡体系进行优化演绎，目的就是聚焦且不失完整性，便于理解和落地。这个优化版本（见图 4-9）与平衡计分卡体系相比做了几个方面的调整，为了便于记忆，我为这两个版本分别取了代号，平衡计分卡体系叫作"四叶草"，优化版本叫作"三叶草"。接下来，我们逐个分析优化版本的调整并说明原因。第一，把原有的 4 个层面调整为财务、运营、员工 3 个层面。相较于之前，最大的变化是把流程层面和客户层面合并，并形成新的运营层面。这样调整的合理性在于：①企业顶层设计形成大运营的概念，与后续流程、组织和绩效全面配套；②消除运营与销售的隔阂，形成内部"利益共同体"；③简化指标体系，聚焦于少数个体；④运营要关注"首尾"的客户和供应商，持续创造客户价值和伙伴价值。第二，将学习与成长层面简化为员工层面。对大部分企业来说，学习与成长的指向并不明确，而调整的主要目的就是使其有具体的指向并简化指标。我们再从完整性上来审视一下"三叶草"。首先，"三叶草"直观反映了企业的 4 种价值创造。财务层面直接体现股东价值，运营层面体现客户价值和伙伴价值，员工层面直接体现员工价值。其次，企业通过对运营、财务、员工 3 个层面的管理能够实现战略目标和经营业绩目标。有人会质疑，研发这么重要的部分在"三叶草"里面并没有体现。我想要说明的是，应用型研发在运营层面会被完全涵盖；而突破创新型研发由于时间跨度较大，涉及持续战略投资，只能单列为重大战略举措，不应该在公司运营体系内交叉呈现。这一点在"四叶草"里也并没有体现。

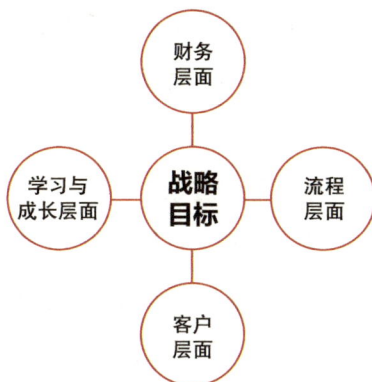

图 4-8　平衡计分卡的 4 个层面

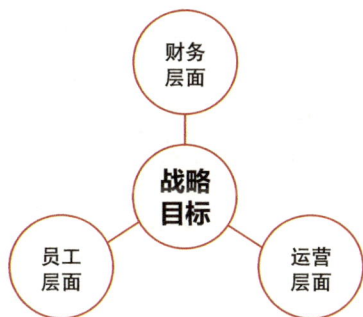

图 4-9　优化版本

战略指标选择

完成了框架的搭建，接下来我们需要进行战略指标选择。结合以往的经验，企业往往会在不同层面运用很多指标（见图 4-10），看似全面，实则失去了重点。我提倡兼顾聚焦和全面性，也就是用最少的指标覆盖尽可能大的管理范围。我尝试着找一些规则来帮助企业确定指标的数量。一方面，希克定律指出，一个人面临的选择越多，做出决定所需要的时间就越长。同时，美国科学家米勒对人类的短时间记忆能力进行了研究，他注意到最佳记忆广度为 5~9 个单位，提出了 7±2 法则。结合以上研究，在企业确定指标数量的过程中，考虑到决策的复杂度，指标最好是 5~9 个；从结果反推，我们的逻辑出发点是用较少的指标完成全面的管理覆盖，而 6 个指标是压缩的极限值。另外，文化知识告诉我们，"6" 是一个不错的选择。第一，在传统文化里，"6" 代表着吉祥如意。第二，在古埃及文化里，"6" 是宇宙数字，代表着时间和空间。第三，在《易经》64 卦中，每一卦的基础单位是 6 爻。因此对企业来说，"6" 是一个合理选项。

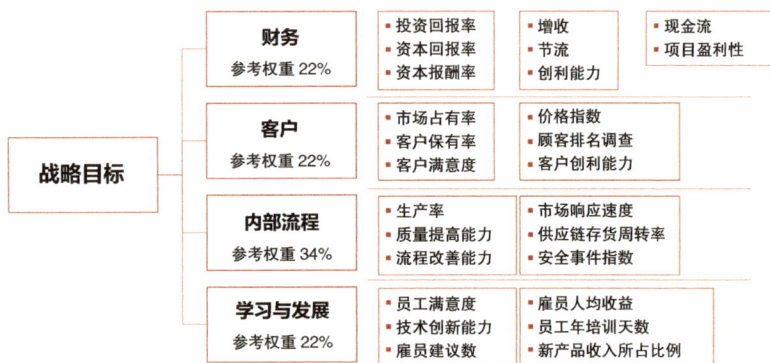

图 4-10　企业的很多指标

　　基于 6 个指标，在 "三叶草" 里，由于运营层面承接了客户价值和伙伴价值，而且我们需要通过驱动运营过程达成战略目标和经营业绩目标。因此，建议在运营层面设置 3 个指标，而财务层面至少需要 2 个指标才能反映股东价值。整体指标搭建构成了钻石的形状（见图 4-11）。

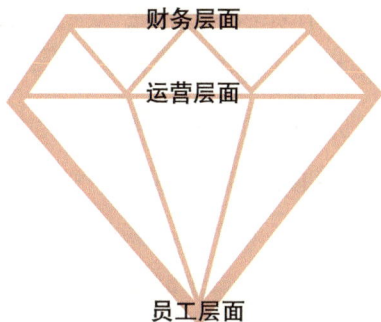

图 4-11　钻石形状的指标架构

我们先来谈财务层面，财务指标反映股东的核心诉求。运用资本回报率是一项不可或缺的指标。运用资本回报率＝息税前利润／运用资本＝（净利润＋所得税＋财务费用）／（固定资产＋营运资金）。对一个关注企业价值的投资者来说，投入的资本产生的回报是其非常关注的。另外一项财务指标要根据基本竞争力的选择来确定，比如一个成本战略导向的制造型企业，我建议选择息税前利润这个指标；如果是一个新品牌公司，我建议选择销售收入这个指标。很多人会疑惑，为什么不能把利润指标和销售指标一起考虑进来？多一项指标不是多一个抓手吗？对大部分的企业来说，我建议要有所取舍，主要原因有两个。第一，要清楚自己要什么。股东价值的回报——运用资本回报率已经在财务层面体现，设置另外一项财务指标的作用是清楚地在组织内传递一个信号，这个信号也是当前企业凝心聚力要完成的唯一任务，不能完成它，企业可能就步履维艰甚至活不下去。成本战略导向的企业把获得利润作为目标，没有利润企业可能就活不下去。新品牌把增加销售收入作为目标，没有得到市场认可就没有资本的持续投入。第二，要清楚自己能做什么。优秀的企业经常提出一手抓营收、一手抓利润，但是让两者齐头并进不是一件容易的事情。扩大市场份额需要投入大量的市场营销费用和渠道费用，但是在扩大市场份额的同时，在大部分情况下会损失毛利；新市场在拓展过程中对企业的运营成本、现金流也提出了比较高的要求。在现金流充裕的情况下增加销售收入，同时使运营成本和其他费用全部可控，这无疑是一个高难度的动作。

在运营层面，指标的选择要兼顾客户、服务、效率和成本。我建议直接引入"供应链三角"的3个核心指标。第一，库存周转率（库存）。库存周转率＝年度销售产品成本/当年平均库存价值。以此类推，月度库存周转率为月度销售产品成本除以当月平均库存价值，当月平均库存价值等于月初库存加月末库存之后除以2。第二，供应链总成本（成本）。供应链总成本＝原材料成本＋制造成本＋物流成本＋供应链管理成本。供应链总成本是一个端到端成本的概念，它不是传统的会计财务指标，而是一个管理指标。另外，供应链管理成本是指供应链端到端活动过程中需要的人力、系统等相关成本的总和。第三，完美订单率（服务）。完美订单率＝完美订单总数/订单总数。完美订单指按照客户要求的时间、地点、质量达成的订单，是当期销售收入的保证。

在员工层面，一项指标——员工满意度就足够了。员工满意度在世界500强公司常用"员工敬业度"来代表，这是一个相当成熟的工具，市场上可供参考的资源也比较多。员工敬业度研究源于美国盖洛普咨询有限公司，该公司通过对健康企业成功要素的相互关系进行了近40年的潜心研究，建立了"盖洛普路径"模型，用以描述员工个人表现与公司最终经营业绩、公司整体增值之间的路径。研究认为，员工敬业度是在给员工创造良好的环境，在让他发挥优势的基础上，使每个员工产生一种归属感，产生"主人翁责任感"。

通过基于基本竞争力搭建的战略目标结构（见表4-1），大家能比较清晰地看到企业经营要"抓什么"。我们说，财务层面（股东价值）是通过运营层面（客户价值）和员工层面（员工价值）来实现的。企业经营者拎着3个"线头"就能把企业经营全部提起来。利润或收入的指标由事业部或营销部门承接，运营层面的指标由供应链承接，员工层面的指标由业务部门和人力资源部门承接。我再从另外一个角度把3个层面的指标与企业经营的逻辑关系梳理一遍，便于大家理解和掌握。第一，员工满意（敬业）度有一个正向实现公司业绩的路径，"盖洛普路径"指出：企业根据自身发展优势因才适用—在优秀经理领导下发挥员工所长驱动员工敬业度—敬业的员工发展了忠实客户—忠实客户驱动可持续发展—可持续发展驱动实际增长。第二，对库存周转率的管理就是管理企业现金流的过程，由于应收账款和应付账款有一定的不可控性，而库存是企业可以完全掌控的，通过管理和控制库存能够最大化地优化企业现金流。同时，库存也会对企业经营利润产生直接影响，如影响存货跌价准备和仓储相关费用等。第三，控制好供应链总成本就是企业利润目标实现的直接手段，尤其是制造型企业。第四，抓好了订单完美率就抓好了当期销售收入，因为只有被客户认可、签收的订单才能产生收入确认。

表 4-1　战略目标结构

财务层面	运用资本回报率
	息税前利润（或销售收入）
运营层面	库存周转率
	供应链总成本
	订单完美率
员工层面	员工满意（敬业）度

战略目标制定

战略目标制定往往是企业战略落地最重要的环节，也是最难的环节。我们常看到的情况是组织内部上下博弈严重。企业经营者希望能够达到的目标，业务部门往往不太认可。最后在妥协中，实际情况变成上面怎么说下面就怎么做，从战略会议结束的那一刻开始就决定了战略落地的失败。观察到这些情况以后，我结合战略供应链思维，提出几个基本的准则。第一，目标制定的过程是自上而下的过程，但更是达成共识的过程。部门的高级管理者和企业经营者要进行充分的讨论，不能简单、直接地得出结论。第二，战略目标制定要考虑平衡性。不是所有的目标都要求进步，而应基于基本竞争力选择做到的放矢，"舍"非核心指标，"取"核心指标。第三，战略目标制定要考虑激励性。企业经营者要清醒地认识到目标的作用是牵引，而不是推动，即让组织能够自主地完成目标，而不是拿着鞭子赶着组织走。第四，战略目标是动态的。每年的战略会议要滚动地做到"锁1定3"，即锁定次年的经营目标，锚定3年的战略目标。而在动态调整的过程中，企业要保持审慎，不能轻易大幅度调整既定目标。第五，战略目标制定要遵循标杆管理的原则。企业应有选择地对标自己的过去和外部竞争对手，衡量自身的进步性和先进性。

下面我结合案例再着重解释一下标杆管理的原则的运用。优秀的公司会很清楚地知道自己所处的位置，以下是一个世界500强公司平衡计分卡的样本（见表4-2）。如表所示，每项指标的位置都被非常清晰地标注了出来。而对大部分企业来说，当前做到这一步是比较难的。但是，我们需要走的第一步就是要让这个结果浮现出来，"从0到1"先把数据模型建立起来，在第一年建立模型的过程中不建议对组织进行任何细部考核。具体可以分为三步走。第一步，基于过往3年的数据，依据以上战略目标框架把数据模型建立起来。第二步，尝试通过各种途径，收集行业竞争对手的相关数据，并建立对标指标库。第三步，确定不同指标的标杆，核心指标（基本竞争力指标）和非核心指标的标杆应该有所不同。比如对于成本驱动型的公司，供应链总成本应对标行业领先者，而可能受此影响的库存周转率和订单完美率只能衡量公司相较于过往的进步性，个别指标甚至可以放弃进步性。

表 4-2　某世界 500 强公司平衡计分卡样本

	××财年		考核得分	
	标杆	实际	权重	得分
1. 财务维度指标				
资本收益率				
营业收入增长				
利润				
……				
2. 客户维度指标				
及时交货				
供货时间				
……				
3. 内部运营维度指标				
生产周期				
流程错误率				
产能达标				
……				
4. 学习与成长维度指标				
员工流动比率				
……				

战略落地转化

战略目标制定完成，企业的核心战略部分也就全部完成了。接下来有一个很重要的工作，就是战略落地。这项工作看起来简单，实则比较复杂。卡普兰教授提出企业战略完成有 3 个核心关键，即"战略地图 + 平衡计分卡 + 战略型组织"。战略型组织是确保战略落地的关键，基于企业的现状，结合卡普兰教授的观点，我尝试提出几个想法供大家参考。第一，把战略的文字转化为执行层面的语言。剔除敏感信息的文本需要全面口语化，简单直接，便于传播。第二，管理层的身份转变。战略绝不只是战略部门的事情，企业和部门"1 号位"是战略的第一负责人。企业管理者自上而下要形成"对战略负责、以业绩为导向"的文化。第三，要在企业层面整合形成战略业务部门和战略共享单位。这一点非常重要。对于企业战略目标的各指标，要找到相应的高管承接，向上对企业经营负责，向下分解指标到执行层面。比如运营层面的 3 个指标应该由企业的首席运营官或供应链副总承接，利润或收入指标应该由销售副总裁承接。第四，要打造 PDCA 式的循环流程和经营强逻辑的关联。本质逻辑是核心战略—战略目标（1~3 年）和年度目标（1 年目标）。在跟进过程中，企业经营者要做到只看一张表（由战略目标分解而来的年度目标，见表4-3），避免经营管理和战略"两张皮"，简单来说就是，月度和半年度目标看经营业绩，年度目标看经营业绩和滚动战略。

表 4-3　战略目标分解而来的年度目标

价值	指标	目标	达成	措施
财务层面	运用资本回报率	××		
	息税前利润（或销售收入）	××		
运营层面	库存周转率	××		
	供应链总成本	××		
	订单完美率	××		
员工层面	员工满意（敬业）度	××		

本章我们从讨论战略是什么，延伸到探讨企业战略的重要性，并就核心战略制定做了具体阐述。最核心的内容无疑是如何结合平衡计分卡体系和"供应链三角"搭建战略目标框架，结合战略供应链思维制定战略目标。最后，我们谈到确保战略落地转化的关键。接下来的章节将围绕核心战略落地进行阐述，涉及供应链战略承接，流程优化和再造，以及供应链组织等内容。

我想用西乡隆盛的一句话结束本章内容："战略若太复杂，一定失败。"

第
5
章

供应链战略承接

本章将从供应链战略的发展谈起，论述不同基本竞争力选择与供应链战略的匹配，再结合供应链战略，讨论对应的战略目标，最后从供应链战略的配置要素出发，阐述具体的业务战略。

我们看到很多企业把供应链战略完全视为一个子战略，在制定的过程中，往往是把企业战略中的关键举措进行分解，并根据这些举措细化行动方案。这种做法是片面的，我们始终强调供应链战略是企业核心战略的重要组成部分，两者是深度融合的。首先，企业的基本竞争力选择决定了供应链战略的方向。其次，供应链战略直接承接了战略目标运营层面的三大指标（成本、服务、库存）。一个好的供应链战略应该由 3 个部分组成（见图 5-1）。第一部分，方向选择。这一部分是与基本竞争力选择匹配的。第二部分，目标定位。这一部分是承接企业战略目标，并作为制定关键举措所参照的纲领。第三部分，配置要素。这一部分用于根据其他业务战略，制定相应的关键举措。

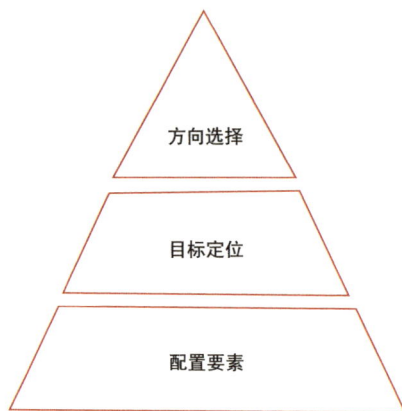

图 5-1　供应链战略的 3 个部分

供应链战略的发展

供应链兴起于 20 世纪 90 年代的欧美，其发展得益于欧美制造业的全球化布局。当时，中国开始承接欧美转移的制造业。那时的美国制定全球化的策略，考虑的一个重要因素就是制造业过度消耗资源并在国内引起过度竞争。全球化带给美国的好处就是允许它把制造业转移到成本更低的地方——亚洲，并打开这个人口众多的市场。在全球化之前，美国国内制造业的普遍话题是如何在充分竞争的市场中降低成本，而全球化的策略可以带来不一样的解决方案，既降低成本又带来服务水平提升（进入消费人口最多的市场）。

1992 年，克里斯托弗教授出版的《物流与供应链管理》，是最早对广泛的供应链管理概念进行全面描述的著作之一。他的著作和他的思想，塑造了整整一代人的供应链思维。与 20 世纪 90 年代相比，今天有很多衍生的内容，但供应链的基本概念保持不变。这一切都来源于书中的基本提法，如关于信息共享、战略合作、管理端到端流程等。克里斯托弗教授认为，在成熟市场，规模带来了成本优势，而且通常行业内只有一个竞争对手是低成本生产商，也就是销量最大的生产商。这限制了其他企业成为成本领先者和拥有成本优势的机会，这些企业既没有成本优势也没有价值优势，显然处于危险之中。它们只有一条出路，即必须在服务上实现差异化。在20世纪90年代，服务差异化是很多制造型企业的"必由之路"，而且对大多数企业而言，是寻求竞争优势的"唯一"途径。正是在这种竞争格局和思维方式下，供应链管理有望帮助企业以更低的成本提供更好的服务。因此，在20世纪90年代，供应链管理在欧美被视为"圣杯"，因为它避免了在降低成本或保证服务之间做出选择，允许企业兼顾两者。很多实践证明，供应链管理完全能够帮助企业同时降低成本和保证服务。在过往的工作中，我也亲身证明了这一点。

同时，克里斯托弗教授提出了敏捷供应链的概念。他首先描述了"敏捷"和"精益"供应链是两个对立面。敏捷供应链能够在短时间内响应数量和种类的巨大变化。精益供应链专注于为品种和可变性有限的大批量产品提供低成本解决方案。他认为，由于各种原因，产品生命周期正在缩短，竞争压力迫使产品更频繁地更换，消费者需要比以往任何时候都更多样化的产品。这意味着大批量和少品种的产品正在消失，使精益供应链过时。因此，敏捷供应链被提议作为供应链的发展趋势。在此基础上，2004年，斯坦福大学的李效良教授在调研美国60家企业的供应链的基础上，提出了一流企业应具备"3A"供应链的特质，即敏捷性、协调性、可适应性。

当今的情况是，随着中国制造业能力的提升和成本的增加，从风险控制和成本控制的角度，欧美企业在沿用之前的经验，继续向制造成本更低的东南亚国家转移。但是，部分中国企业却面临着 20 世纪 90 年代美国面临的问题，即制造能力过剩，在外部市场开拓乏力的情况下，竞争异常激烈。摆在大部分中国企业面前的问题是复杂的，既有欧美国家面临过的老问题，又有数字化时代变革带来的新问题。主要的问题可被归结为 3 个方面。第一，国外市场溢价空间进一步被挤压。B2B 企业作为全球供应链的配套元素，一直处于供应链的末端，规模扩张有余，技术创新不足。随着全球原材料的涨价且 B2B 企业缺乏定价权，加工利润进一步被挤压。B2C 企业以外贸为主，缺乏自主品牌，溢价能力有限。第二，国内市场的竞争白热化。由于产能严重过剩，企业除了拼价格，还要拼差异化服务。第三，平台型企业整合了供应链资源。阿里巴巴、京东等平台型企业深度切入供应链领域，通过高科技赋能提高了供应链的整体效率，但也主导了资源价格。

基于以上情况，对大部分企业来说，选择空间变得狭小，选择过程变得异常复杂。针对这个问题，我跟布拉姆教授有过一次深入的讨论。他基于在欧洲的样本调查研究发现，现在简单去让一个企业选择"敏捷"或"精益"供应链战略已经显得比较过时，应该用"战略驱动"来重新定义供应链。我同意布拉姆教授的观点。今天的企业，针对不同的产品可能会有不同的选择，还有外部竞争环境决定的组合选择。企业应该在核心战略的驱动下定义自己的供应链，这种供应链有可能是传统供应链（敏捷或精益）中的一种或两种的组合。

供应链战略与基本竞争力选择

第 4 章提到关于企业基本竞争力选择的问题，基本竞争力分为 3 种类型：创新、成本、服务。基于不同的基本竞争力选择，供应链战略也不尽相同。美国两位咨询顾问科恩和罗塞尔于 2005 年出版了 *Strategic supply chain management: the five disciplines for top performance*，书中对不同基本竞争力选择与供应链战略匹配做了详细的阐述。我在此引用书中相关内容并结合企业的案例，进行全面阐述（见表 5-1）。

表 5-1　不同基本竞争力与供应链战略的匹配情况

基本竞争力	竞争优势	竞争基础	供应链需求
创新战略	独特的产品技术	令客户渴望的创新产品	快速上市和量产
成本战略	低成本运作	在同类产品中价格最低	高效率、低成本的运营设施
服务战略	优秀的服务	定制化的服务方案	从客户需求出发的方案

创新战略驱动的供应链战略

采用这类战略的企业通过产品创新成为细分领域的引领者，

它们的产品总是能够激起消费者的购买欲望，而且可以产生高溢价。比如苹果公司每次的新品发布会总是能够引起全球众多消费者的关注，在产品上市前就有无数消费者在线上或线下门店预约订货。但是，其产品价格往往高出类似产品的一倍甚至几倍。这类企业对供应链的要求就是"快"。小批量产品的快速上市和量产的迅速跟上，可以确保在其他模仿者跟进上市之前，企业已经获取足够的经济利益。但是客观地讲，并不是企业的所有产品都需要如此地"快"，正常的应季补货一般会采取比较经济的供应链反应策略。

成本战略驱动的供应链战略

采用这类战略的企业提供性价比高的产品，吸引对价格敏感的消费者，以维持产品的市场份额。比如小米，它们的产品对标行业第一名的产品的性能和"颜值"，但价格较低。这种"物超所值"的体验吸引了大量的粉丝。又如，美国最大的连锁会员制仓储量贩店开客市规定，所有单品的毛利不能超过14%。这类企业需要强大的供应链整合能力，并在供应链总成本上有突出优势。

服务战略驱动的供应链战略

采用这类战略的企业以提供定制化的方案和独特的服务而闻名，往往客户忠诚度非常高，它们能够产生服务溢价和抑制短期需求波动带来的成本增加。美国一家咨询公司的历史调查数据显示，与行业平均水平相比，这类企业的利润高出20%。在白色家电行业，由于产品同质化严重，各头部企业都在服务布局上有很大的投入。海尔集团从一开始就提出"真诚到永远"的口号，服务网络一直持续建设到镇乡级；同时布局城市的"三翼鸟"品牌，主要围绕城市居民生活的场景打造"万物互联"的生态。这类企业的供应链要求有非常强大的物流服务网络支持，在客户订单体验的一体化上需要进行巨大的投入。

有些情况下，以上3种供应链战略，在一个企业内部会出现组合的现象。比如前文提到的苹果公司，其为新产品和旧产品选择的供应链战略是不一样的。但是不得不强调的是，每一个企业都有其强大的基因，这种组合在设计层面很理想，到了执行层面如果没有完备的流程，大概率会走样。另外，需要强调的是，这3种类型理论上都可能实现股东价值，即让运用资本回报率最高。创新战略驱动的企业，必须投入大量资本用于产品研发和市场营销，同时通过产品的高毛利使资本投入得到充分回报。成本战略驱动的企业虽然利润比较低，但是对资本投入的要求也低。服务战略驱动的企业，其利润可控，投入主要用于服务网络和系统建设。这种投入与产品研发费用不是一个数量级，因此可以获得投资者的认可，就好像"100除以100""20除以20""1除以1"，这三者最后的结果都是1。

供应链战略与战略目标

企业在根据基本竞争力选择了供应链战略的类型以后，需要进一步与供应链战略目标做匹配。匹配的目的有 3 个。第一，确保"头"和"身体"是一致的。根据战略供应链思维，目标制定过程中一定存在取舍，什么样的供应链战略类型就要匹配什么样的"供应链三角"。第二，保证企业经营者与供应链管理团队达成共识。第三，找到后续制定关键战略举措的"纠偏器"。

接下来，我将结合不同的供应链战略类型与"供应链三角"做重点讲解。

创新战略驱动的供应链战略目标制定

之前已经提到，创新战略驱动的企业是通过不断的产品创新来获得产品的高溢价的。产品上市周期越短，对企业的价值越高。因此，这类企业的供应链最典型的特征就是"快"。同时，其供应链的最核心的指标就是订单完美率（服务）。根据它们的"供应链三角"（见图 5-2），它用较高的供应链总成本去达到极致的订单完美率，从产品设计到量产需要最短的时间，上市期的铺货和调货需要极快的物流速度，断货给业绩造成的损失是巨大的。它们通常不太需要纵深的供应链网络作为支撑，而是通过快速的物流去弥补反应时间上的不足。因此，这类企业在制定供应链战略目标的时候要遵循几个原则。第一，订单完美率需要在行业中领先甚至要达到100%。第二，库存周转率的目标跟行业平均水平对标，如果库存周转率已经超过行业平均水平，就跟过去对标。第三，供应链总成本的目标跟过去对标，是可以舍弃进步性的指标。

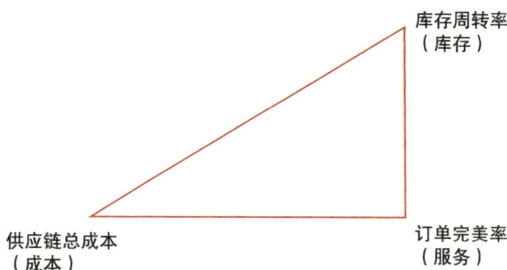

图 5-2　创新战略驱动的企业的供应链三角

成本战略驱动的供应链战略目标制定

成本战略驱动的企业的"必杀技"就是产品价格的超强竞争力，它们往往是产品创新者的跟随者。"别人做了亏钱，我做了还能挣钱"，其主要盈利模式是薄利多销。这类企业需要极强的从原材料采购到客户交付的全过程整合能力。根据它们的"供应链三角"（见图5-3），它们通过牺牲服务去达到成本的极致降低。它们在采购和制造端通过以量换价的方式，进行大规模单一生产。库存部门会基于需求预测的经验，按照自己的节奏去部署，很少会有对客户需求的及时响应。这类企业在供应链战略目标制定的过程需要遵循的原则有 3 个。第一，供应链总成本需要做到全行业领先，并持续地、极致地追求端到端成本的降低。第二，库存周转率的目标跟行业平均水平对标，如果库存周转率已经超过行业平均水平，就跟过去对标。第三，订单完美率的目标跟过去对标，是可以舍弃进步性的指标。

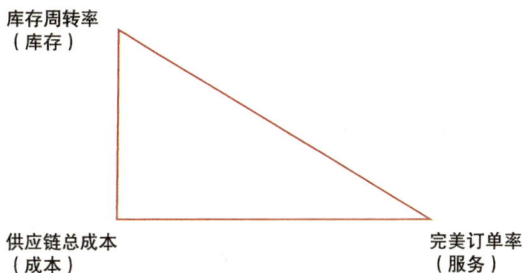

图 5-3　成本战略驱动的企业的供应链三角

服务战略驱动的供应链战略目标制定

服务战略驱动的企业与客户有很强的互动性和黏性，客户信赖它们。即使它们的产品与市场其他竞品有差价，客户也愿意为此买单。它们有强大的客户服务系统和服务网络，从而为客户创造了极致的体验。这类企业的客户需求往往可以稳定地得到满足，客户愿意等待甚至拿着其他竞品来这类企业找类似的产品。前端的销售服务人员可以有效地管理客户需求，避免了由短时波动带来的需求激增。这一点对平抑供应链总成本非常重要。从供应链端看，这类企业往往具备纵深的供应链网络，这是提供服务的基石，但由此带来的库存挑战是最大的隐患。一般的理论认为，仓库越多，产品品类越多，库存就越大。与创新战略驱动的企业相比，它们的毛利水平不高。根据它们的"供应链三角"（见图5-4），在库存周转率不得不牺牲的情况下，它们通常需要追求服务和成本的平衡。克里斯托弗教授在《物流与供应链管理》一书中提到，在不做任何牺牲的情况下，可以做到成本和服务的同时优化。在这里，我们需要引入克里斯托弗教授的"服务成本"这一概念。服务成本是指为创造客户价值而支出的成本，它与"供应链总成本"的关系是包含与被包含的关系，通常可以理解为出厂物流总成本。服务成本与服务水平成正相关（见图5-5）。因此，在运营层面的3项指标之外，需要引入另外一个关键性指标——订单服务成本。订单服务成本=出厂物流总成本/完美订单总数。订单服务成本无法取代供应链总成本，而是作为一个监控指标用于平衡对服务的投入。供应链总成本仍然十分重要，它从端到端成本的角度去驱动运营效率的提升。这类企业在供应链目标制定的过程中需要遵循3个原则。第一，订单完美率和订单服务成本需要同时与行业领导者对标。第二，供应链总成本的目标与行业平均水平对标，如果供应链总成本已经低于行业平均水平，就跟过去对标。第三，库存周转率的目标与过去对标，是可以舍弃进步性的指标。

库存周转率
（库存）

供应链总成本　　　　　　　　　订单完美率
（成本）　　　　　　　　　　　（服务）
订单服务成本
（成本）

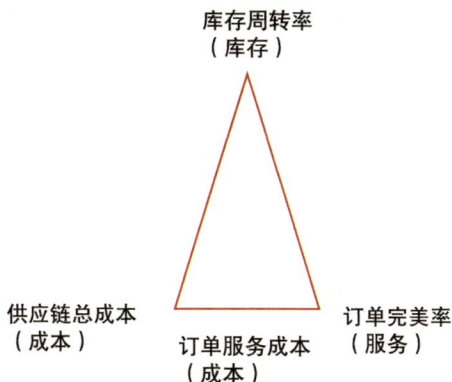

图 5-4　服务战略驱动的企业的供应链三角

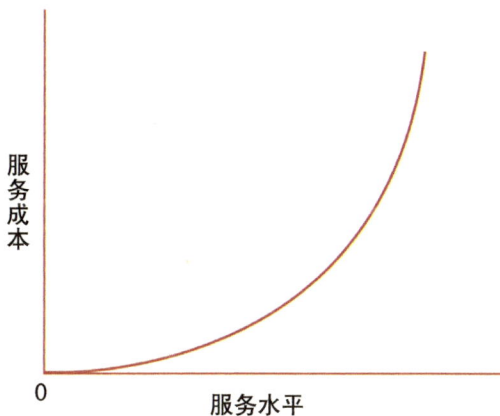

服
务
成
本

0　　　　　　服务水平

图 5-5　服务成本与服务水平正相关

　　通过对 3 种供应链战略类型与"供应链三角"的匹配，大家应该已经比较清楚两者之间的逻辑关系，不同企业也应该可以找到制定供应链战略目标的方法。但是有几个注意事项，我仍然要提醒大家。第一，现实情况下，企业的情况是复杂的。企业能否找到一种适用类型对标，跟企业的基因有关，也跟企业的能力有关。确实有组合的情况，可"组合"只有在完整的流程支撑下才能实施，否则就会出现"理想很丰满，现实很骨感"的情况。第二，"供应链三角"的"最大角"往往是企业运营的"牛鼻子"，"1号位"需要高度参与。第三，目标的制定过程是一个运用科学和艺术的过程，具体制定怎样的目标，需要企业经营者凭智慧去研判。我的建议就是"最大角"要追求极致；对于跟"过去对标"的指标，能够将其用于激励是再好不过的。

供应链战略的其他配置要素

供应链是贯穿企业经营活动的主线，起点是客户，终点是供应商，与企业内部的其他业务部门盘根错节地交织在一起。一方面，我们需要纵向承接企业的核心战略，有逻辑地分解战略方向和指标，制定科学的目标。另一方面，我们也需要横向支撑其他部门的业务战略，通过相对具体的战略举措去驱动高效运营。通常来看，供应链战略需要支撑的战略有客户战略、渠道战略、制造战略、资产战略、研发战略。

客户战略

客户战略需要供应链回答的是，用什么服务水平去满足客户的需求。我建议供应链部门深入地了解客户的真实需求，而不是被市场和销售部门简单传递客户需求。方法有两种，第一种是参与重要节点的会议，第二种是进行协同拜访。我们需要从3个方面去理解客户战略对供应链的影响。第一，客户与用户的区分。第二，用户群体的画像与分层。第三，客户的分类。

客户与用户的区分

"客户"就是付钱购买产品的人，或者是企业直接交付产品的对象，而"用户"就是产品的最终使用者。这两者有一定的区别，客户和用户可能是同一个"人"，也可能不是。为了区分，我举两个不同行业的例子供大家参考。比如，在 B2B 行业，经销商是客户，而使用厂家是用户。再如，在 B2C 行业，电商平台／经销商／零售商是客户，购买者是客户，使用者是用户。典型的案例是，丈夫买了一支口红送给妻子，对企业来说，丈夫是客户，而妻子则是用户。一般的 B2C 企业都需要做消费者研究来判断市场趋势，这个研究主要聚焦用户。一定会有人问，研究客户可以理解，研究用户对供应链到底意味着什么呢？第一，需求预测是供应链的起点，用户的变化对供应链需求预测的影响发生在最底层，凡是没有研究用户变化的需求预测都是不科学的。第二，用户是最终买单或产生再购买行为的"人"。供应链的付出被买单者定义为有价值，才是真正有价值。第三，企业如果能够通过供应链赋能客户，最终给用户带来价值，无疑能够更好地实现企业价值。埃森哲公司于 2020 年做了一个关于客户对供应链价值认可的调查，呈现了客户认可的供应链价值（见图 5-6），这会从方向上帮助企业在制定供应链战略举措时更加有的放矢。

供应链投资的客户价值主张

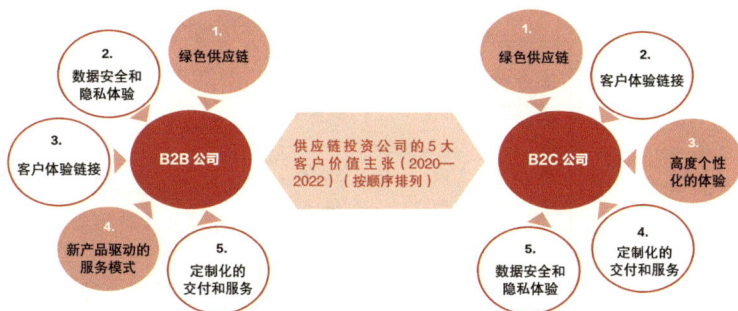

图 5-6 客户认可的供应链价值

用户群体的画像与分层

用户群体的画像就是通过大数据的方法标注出用户群体的典型特征，这些特征对市场部门是非常重要的，能帮助它们找到精准渠道触达用户，并与之进行交流。不同用户群体的分层会帮助它们区分什么是核心用户群体和其他用户群体，这些信息对供应链也有很重要的意义。首先，不同用户群体的重要性和对服务的要求不一样，对建立供应链服务的不同标准有指导作用。其次，供应链网络要根据用户群体的分层去提前规划。根据罗戈研究报告的部分内容（见表 5-2），如果企业的目标用户群体在向下沉市场转移，供应链网络就需要向纵深拓展，而且应该提前规划；如果企业的核心用户群体是老年人，供应链服务就需要进行定制化设计。

表 5-2　罗戈研究报告的部分内容

用户分层	用户需求	供应链影响
老龄化与"银发经济"	医疗健康系列产品、场地康养服务、生活上门服务	送货上门叠加配套服务成为普遍选择，入户服务成为比拼新维度
新中产与体验经济	高质感产品、新品牌涌现、消费体验、增值服务、个性化定制服务	产品多元化、迭代周期缩短，衍生出柔性供应链需求
小镇青年与下沉市场	过去物流服务瓶颈制约的潜在消费爆发	品牌直接对接乡镇终端网点，供应链环节被压缩，对供应链网络覆盖能力提出更高要求

客户的分类

客户的分类管理要遵循的基本原则是 ABC 管理法，一般认为客户群体呈正态分布（见图 5-7），即 10% 的优质客户、80% 的中等客户、10% 的低贡献客户。至于用什么指标去衡量贡献值，可联系前面提到的战略目标中的财务层面的一项指标。如果企业选择的是利润，指标则是利润贡献值；如果选择的是销售收入，指标则是销售额贡献值。对于不同类型的客户，企业应该设计不同的供应链服务标准和合作范围，这样便于企业进行整体资源的最优配置。特别是在出现市场波动及供应问题的时候，由于涉及市场和产品再分配，企业应该按照相关原则对客户进行优先级排序。

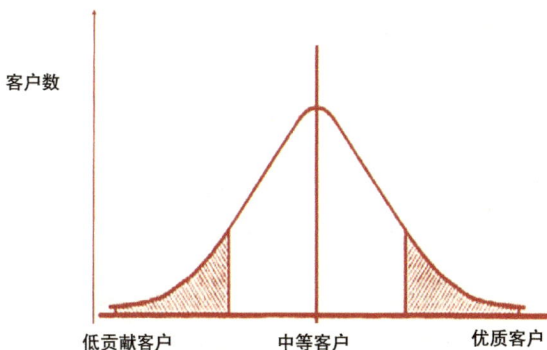

图 5-7　客户群体正态分布

渠道战略

　　渠道战略对供应链的意义是指导如何把产品和服务送至客户或用户手中。在数字化时代，渠道已经发生了根本性的变化。在B2C行业，原来的龙头渠道经过数年的风雨，已经江河日下。当前，许多企业的主要渠道已经转为线上平台。不管是传统电商（天猫、京东、亚马逊等）还是新电商（抖音、小红书等），其本质都是一样的。平台打造前台、中台、后台能力模块让企业去匹配，资源获得的便利性和短期成本大大降低。而通常平台能够提供一整套供应链服务，如消费者数据分析、订单支持及仓储配送服务。很多企业会选择"拎包入住"的方式，也有相当一部分企业选择自己建立相关能力与平台进行点状对接。我建议，不管企业的基本竞争力是什么，有能力的企业都应该尽量选择后者。

　　在渠道的可得性非常强和同质化严重的今天，渠道能力已经不再是企业的核心能力，有关消费者洞察和触达的第一手数据也由平台在前端掌握，如果没有任何与客户和用户直接交互的供应链能力，企业就可能进入一个近似"失聪"的状态。当然，今天依然有很多优秀的 B2C 企业在努力地创造自己的"私域流量"，这条路在线上走起来依然很难。我们也看到，很多消费品牌依靠长时间的投入，在线下的传统渠道积累了十分强大的分销网络，获得了一把促进业务增长的利剑。我想到一句话："流量为王也好，渠道为王也罢，只有能掌控才是王道。"新兴品牌通过大量购买平台流量能够迅速实现从"0"到"1"，但是要实现从"1"到"100"，如果没有提前进行线下部署和扎实的投入、开拓，过程会异常艰难。而对于传统品牌，其从线下走到线上本无可厚非，但是在过程中会遇到形形色色的问题，如果把自己的传统渠道优势"稀释"，无异于饮鸩止渴。不管上述两种企业目前处于什么阶段，供应链都是必须打造的核心能力。而供应链的布局是战略性的，要领先于业务发展进行基础设施和能力建设，否则供应链就会变成企业发展的"拖油瓶"。

B2B 企业的渠道仍然处于相对传统和封闭的状态，其中有大量的经销商或贸易商存在。随着互联网平台的发展，我们也看到一些细分行业 B2B 电商平台的出现。这些平台大都规模不大，以交易为主，主要与中小贸易商竞争。对于企业来说，核心客户和核心市场需要自主经营，而对于低价值贡献的客户群体，通过与电商平台合作以降低管理成本是一个不错的选择。通常我的建议是，双方应该在供应链能力建设上进行合作，探讨诸如供应链金融、供应链协同等方面的问题。

制造战略

制造战略用于指导企业生产产品。生产方式通常有以下几种。第一种，按库存生产，适用于大量销售的标准化产品。第二种，按订单生产，适用于定制化产品。第三种，按订单组装，是指先完成产品通用部分的生产和采购，再在接受客户订单后进行组装。第四种，按订单设计，是指接到订单后，从产品设计开始介入。关于几种方式对整体供应链的影响，我做了比较（见表5-3），供大家参考。

表 5-3　几种生产方式对供应链的影响

类型	适应条件	推动/拉动	效益
按库存生产	大量销售的标准化产品	推动	制造成本低，快速反应客户需求
按订单生产	定制化产品	拉动	降低库存水平，提供多样化品种，简化产品计划
按订单组装	多样化产品	推动+拉动	定制化，降低库存水平，提高服务水平
按订单设计	满足特殊客户需求的复杂产品	拉动	满足特殊客户的需求

资产战略

资产战略对供应链的影响也较大。由于各地政府招商引资的政策不同，企业有时需要依据税收政策和政府资源支持考虑投资工厂或物流中心的问题。我们经常看到有些企业经营者选择回自己的家乡建厂或投资物流中心，如果简单按照西方的理论，从供应链网络设计的角度看，很多选择或资产投入是不合理的，但这是决策者的偏好。基于这种情况，供应链部门应该把投资对供应链总成本、库存、服务 3 个方面的影响分析反馈给企业经营者，企业经营者再结合运用资本回报率和其他相关因素综合决策。

研发战略

通常在研发战略里需要明确新产品和旧产品的生命周期管理，特别是创新战略驱动的企业。很多企业由于上市的新品比较多，流程显得极其复杂。对供应链部门来说，提前介入研发有助于新产品价值的最大化实现，毕竟产品越快到达市场，就能越早实现经济价值。同时，被替代的旧产品要在市场上与新产品并存或退市，需要完备的流程支撑。对供应链部门来说，新产品的快速量产和投放需要提前准备能力，而旧产品的价值实现需要依据需求计划的预测模型，进行供应计划及库存分布调整。

本章承接第 4 章的企业核心战略，从供应链战略的发展谈起，找到了当前主流的供应链战略制定的"灯塔"，即以战略驱动的供应链。接着，我们围绕与企业核心战略相关的内容，阐述供应链战略的承接和融合问题。依据基本竞争力选择对供应链战略的影响，我们得到了供应链战略的 3 种类型；围绕供应链战略的 3 种类型与战略目标运营层面指标的关系，我们找到了供应链战略类型与"供应链三角"之间的逻辑关系，并阐述了如何确定目标。最后，我们从横向分析的角度，系统讲述了供应链与不同业务战略之间的关系，以及如何从战略举措的角度去支撑业务战略。

到本章为止，关于企业战略部分的阐述已经全部完成。如果战略是方向和目标，流程就是行车系统，组织就是承载系统，绩效就是动力系统，可持续就是安全系统。少了任何一项，战略都无法落地。接下来的章节将逐一介绍各项内容。

基于数字化的端到端流程打造

　　本章将围绕企业如何进行端到端流程的打造展开论述，从企业的现状说起，围绕什么是有效的流程，以及常用的流程优化和再造的工具进行充分说明。同时，本章将结合企业数字化，谈一谈其与流程改造的关系。最后，对于如何做到前文提到的通过过程管理驱动经营业绩提升，本章也会给出具体的方法论。

企业的现状

首先，我们来回答一个问题：先有流程还是先有组织？这个问题不好回答，各种答案都有，也都能给出充足的理由。从战略落地的角度来看，流程和组织缺一不可，这是毋庸置疑的。但是，当我们要驱动一项变革的时候，应该是先有流程，再有组织。也就是在变革的过程中，现有的组织不变，以保障基本业务的运行。同时，临时组织（项目组）做流程再造，完成以后再做组织调整。但是，在现实情况中，有很多企业热衷于通过调整组织去达到战略与经营的目标，殊不知没有流程支撑的组织调整大都起不到明显作用，如同新瓶装旧酒。

我通常也会问企业一个问题："公司有流程管理吗？"一般会得到两种答案：第一种有厚厚一摞制度和流程体系文件，还有管理流程体系的流程；第二种流程不重要，即使没有流程，系统也能做到今天这种规模。我们的观察结果是，其实这两种企业都是有流程的，但是都没有有效的流程管理。

总体来说，企业目前普遍存在以下 4 个方面的问题。第一，用制度代替流程。很多企业的管理模式受外部的影响比较大，经营出现问题以后，经常会用"文件"的方式解决。日积月累，文件取代流程，起到主要的引导作用；而流程成为一堆积了灰的文件，主要用于负面激励时的举证。用制度管理就是"人治"，用流程管理就是"法治"。企业规模小的时候，"人治"模式效率高，能够掩盖很多问题。当企业达到一定规模时，如果通过"1号位"去管理这些问题，企业的效率会变得非常低，表现为组织停下来等领导决策，而不是自主前进。任正非有一次接受采访时说的一段话让我印象深刻。他说："流程变革就是革我的命，让我变得没有权力了。现在我让秘书买一瓶可乐都不行了。"这说明华为作为一个优秀企业，真正完成了从"人治"到"法治"的蜕变。第二，流程是流程，操作是操作。流程用于查漏补缺，力争文件层面的完善。操作是"徒弟"根据自己的经验，按照"师父"的教导摸索着干。每个"师父"的水平不一样，教出来的"徒弟"也就千差万别。流程和操作好像两条平行线，没有交集。这就是许多管理者经常感到疑惑的问题："明明有流程，为什么不执行？"第三，部门的流程之和等于公司的流程。每个部门都有自己的流程，貌似非常完善，但是部门与部门的"接口"没有打通。"我们是按流程办事"变成部门与部门之间扯皮的有力借口，最后领导也只能不了了之。第四，没有明确责任归属，"大家的事变成没有的事"。我们通常看到有两种情况。一种是在跨部门协调会议上，领导指派一名部门负责人去协调多位其他部门的负责人完成一项任务，但是没有明确过程中各部门的职责，最后的结果大多是，这位被指派的部门负责人铩羽而归，只得再次召开跨部门协调会议进行反思和再安排。另一种是领导安排几个部门负责人去共同完成一项任务，也没有明确其职责。领导跟进的时候发现任务的进展远远滞后，不得不再次召集会议进行反思和再安排。以上情况，都是我们经常抱怨的"执行力"问题导致的。

随着企业规模的扩大和市场挑战的增多，当前已经有很多企业意识到"修炼内功"的重要性，特别是流程管理。因此，市场上非常流行的做法是向华为学流程管理。华为先后投入几百亿元打造的两大流程整合工作：一个是集成产品开发（IPD），另一个是集成供应链（ISC）。IPD 是华为从产品设计到产品退市的全生命周期管理的流程，ISC 是华为端到端运营管理的流程。一个是纵向打造产品的闭环，另一个是横向打造价值链的闭环。可以说，这两项工作是成功的，帮助华为这个"庞然大物"通过全流程驱动公司高效运营。但是，我们需要透过现象看到本质。第一，IPD 从流程的角度看非常完整，但是从另外的角度看，华为 2020 年的研发投入超过 1400 亿元，占营运收入的比例超过 15%。在这个数字的支撑下，华为不同事业部每年有大量的新产品上市。因此，它需要一套比较完备的体系去管理。反观今天大部分的企业，我们需要思考："向华为学习有必要吗？能承受吗？"第二，IPD 不是单独的存在，而是整个流程中的有机部分。华为从战略到流程的再造逻辑非常清晰，结构也非常完整。它已经成功地把各大咨询公司的能力复制、融合到华为，其流程是一个有机体。我们需要思考的问题是："如果将华为的流程单独摘出一块放在另外的土壤上培植，它能存活吗？"第三，追本溯源，先理解"道"。IPD 的思想起源是 PACE（Product and Cycle-time Excellence，产品生命周期优化），最早由美国咨询公司 PRTM（2011 年被 PWC 收购）在 1986 年提出，后来 IBM 在 1992 年率先付诸实践。ISC 的理念最早也起源于 PRTM——它和另外一家研究机构 AMR，共同开发了 SCOR 模型，该模型涉及一系列方法论。后来 SCOR 模型由美国供应链协会继续研究并进行升级，IBM 吸收、实践以后将其更名为商业流程再造（BPR），而今天我们看到的 ISC 原型来自 IBM 的 BPR。我之所以提出以上 3 个方面的问题，是希望大部分的企业能结合自身情况理解本源逻辑。我们必须清醒地认识到学习华为体系有 3 个前提：能进行系统的流程再造，而不是简单地打补丁；内部团队有能力承接变革；能持续为数字化进行投入。

流程的有效性

　　任何企业都有流程，但有效的流程管理则不是每个企业都具备的。首先，我们看一下现代企业通常具备的流程体系架构。根据 Strategic supply chain management: the five disciplines for top performance 的内容（见图 6-1），有几点需要特别说明。第一，现代企业的流程管理已经与信息系统深度捆绑。诸如一个企业上线 ERP 系统，首先要做的就是流程梳理，然后绘制业务蓝图，接着才能进行系统个性化改动。系统上线以后，需要培训员工，需要规范员工的操作，这个过程实际上就是把流程写进系统里，并让操作不得不按照唯一的流程去进行。优秀企业不会认为信息系统类项目是 IT 项目，更多地把它定义为流程再造项目。第二，信息技术和资产需要投入。最基本的，比如IT 运维团队和机房，每年都需要持续投入。

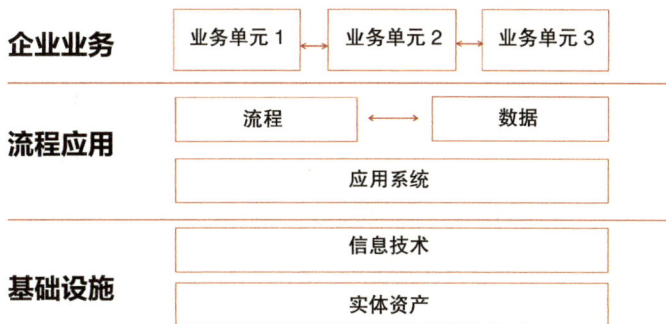

图 6-1 现代企业通常具备的流程体系架构

接下来重点介绍一下有效流程的特征。

与战略的一致性

流程是支持战略落地的最重要的元素之一。基本竞争力的选择决定了企业运营层面的资源平衡问题，同时在战略落地的过程中，关键的流程也要支撑这些资源平衡地落地。

创新战略驱动的流程重点

对于创新战略驱动的企业，如何实现新产品的快速上市是运营的关键，因此有一些关键的流程不可或缺：第一，从产品设计到供应链的整合流程；第二，原材料及产品设计供应商的创新流程；第三，新产品市场测试导入流程；第四，替代产品的退市流程。

成本战略驱动的流程重点

成本战略驱动的企业要在运营中达到总成本最低，需要在采购和制造端增加关键流程去控制：第一，运营计划体系与生产排程整合，控制颗粒度；第二，原材料和设备的标准化；第三，制造工艺的标准化；第四，按照生产和采购的最优化目标设计交付标准。

服务战略驱动的流程重点

服务战略驱动的企业需要在客户端打造卓越的流程：第一，客户协同计划；第二，客户分类流程；第三，服务分级流程。

以上不同的关键流程，只是企业全流程中的一部分，企业还需要全面、定期地检视流程与战略的一致性。

端到端管理

端到端的流程能够识别出企业整体价值创造的整合点。供应链承接了企业运营层面的战略目标，而要实现诸如供应链总成本最低的目标，一定需要进行端到端的流程管理。简单地把指标分解到下级组织，这种方法一定不能达到最终的目的。根据《流程革命》一书的表述，端到端的流程一般具备以下几个特点：①业务全程闭环；②从开始到结束；③从发起到完成；④ PDCA 循环；⑤两头在外。一个企业的端到端的流程一定能够通过一幅简单的 SIPOC 图勾勒出全貌（见图 6-2）。

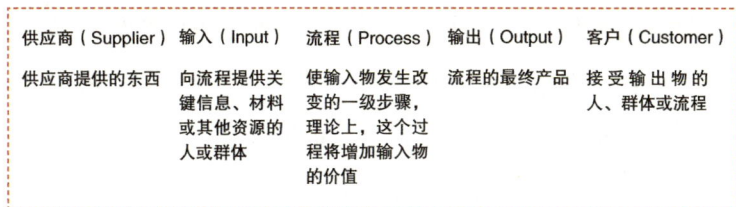

供应商（Supplier）	输入（Input）	流程（Process）	输出（Output）	客户（Customer）
供应商提供的东西	向流程提供关键信息、材料或其他资源的人或群体	使输入物发生改变的一级步骤，理论上，这个过程将增加输入物的价值	流程的最终产品	接受输出物的人、群体或流程

图 6-2　SIPOC 图

简单性

在战略制定方面，我一直提倡的原则就是简单。对有效的流程来说，这一点也是不可或缺的。当然，业务的逻辑和场景是复杂的，流程改造者和制定者需要抽丝剥茧，把复杂的逻辑通过最简单的方式呈现出来。通常我们认为有几点需要特别注意。第一，要有流程标准化的规则。这是一个总纲，也是一个方法论，能够帮助企业内部形成统一的流程制定轨道。第二，要有严格的标准来管理产品和服务的复杂性。这是企业通常会忽视的问题。销售部门反馈的客户需求林林总总，这些需求有的是全面的、真实的，有的则是"伪需求"。如果企业不加以严格管理，任产品和服务无序迭代，会同时对企业的成本、服务、库存产生破坏性的影响。长此以往，其可能对企业的经营产生毁灭性的影响。首先，企业应该提倡通过不同渠道反馈客户对产品和服务的需求；其次，对于产品和服务的变化，企业需要进行严格的流程管理。再次，要做到原材料和设备标准化。这一点也非常重要。我们常说"设计决定成本"，在采购设备或原材料的时候，只关注"片段成本"而忽视整体成本的大有人在，这就是在给企业"挖坑"。因此，企业必须在流程上对这一点有严格的控制。最后，要保证硬件配置的简单化。企业经常出现的问题是，由于业务的复杂度增加，业务部门在找寻解决方案的时候时常会选择自动化程度高的方案。当然其理由也比较充分，即要基于未来的业务发展。但是，我想提醒大家的是，自动化的设备解决方案是简单的，可流程与设备的融合以及后期的运维和升级是复杂的。在流程还没有改造完成的情况下，过度推行自动化无疑是不明智的。在过往的经历里，我经常看到一些自动化仓库因发挥不了设计职能而被大面积闲置。

完整性

这里讲的完整性，主要是对流程全貌的完整规划。当然，我还是要提出，今天任何的流程改造都脱离不了信息系统，没有经过系统的固化，改造的流程是无法落地的。企业经常碰到的难题是，不上线系统，明显感觉机构臃肿，效率低下；上线了系统，不仅没有看到效率提升，还出现了一堆新问题。我们要搞清楚这种情况出现的主要原因。第一，"上线系统"的本质是流程改造，这不只是 IT 部门的事情，更多的是业务部门甚至是经营层面的问题。华为和海尔的系统改造，都是一把手主抓的项目。华为在实施过程中，内部成立了一个庞大的、全职的实施顾问团队，配合外部实施顾问和业务部门将流程落地。而我们看到有些企业在实施过程中，没有投入充分的业务和实施资源，只要求快速上线系统。在这种情况下，企业只能牺牲质量，而这会导致后患无穷。更可怕的是，有些企业直接让 IT 部门负责实施并上线系统，业务部门全程没有参与，最后的结局一定是投资的钱打了水漂。第二，"上线系统"是一个逐步消除"信息孤岛"现象的过程。现状是，原来没有系统的时候，大家与线下的流程也磨合得不错；上线了系统，感觉一切都不顺手，原来的手工报表仍在做，还要被迫在系统中输入数据。所以，系统变成操作的负担，数据没有办法做到及时、准确，由此招来一堆问题。对于这种情况，我们需要理解的是，这是一个必经的过程。重要的是，企业在选择上线策略的时候要"软切换"，在加强培训的同时，一定要在合适的时间把手工作业的线"砍掉"，否则永远没有办法改变局面。第三，对于流程改造者或制定者来说，有一个清晰的、完整的构架是非常重要的。企业在实施数字化战略的过程中，要有一张支撑企业业务的数字化全景图。要做到这一点，需要企业管理层达成共识。

流程优化和再造的工具

这里提出两个概念："流程优化"和"流程再造"。流程优化是指基于现有的流程和运营中出现的新问题，进行局部优化，以达到提升和改进运营效率的目的。流程再造是基于业务的需求和发展，从端到端的角度进行流程重塑。一般认为，两者的区别有以下几点。第一，流程优化涉及局部，而流程再造涉及整体。第二，流程优化一般不涉及信息化的改造，流程再造需要信息化的大投入。第三，流程优化一般不涉及组织架构调整，流程再造的后续就是组织架构调整。第四，流程优化是动态的、持续的，流程再造是一次性的项目。第五，流程优化的实施一般由流程管理部门和业务部门完成，流程再造需要外部和内部的独立团队领导完成。所以，对企业来说，在衡量清楚战略需求的情况下，再选择必要的措施才是明智的。企业在业务发展迅速，原有流程体系已经无法有效支撑的情况下，应该启动流程再造；而在业务稳定，没有大的变化的情况下，一般进行流程优化就够了。下面简要介绍几种可用于流程优化和再造的工具，便于大家理解和掌握。

流程图

流程图是一个非常简单、实用的工具，能够帮助管理者完整地了解一个流程是如何工作的。一些专家开发了一组图标，用于表示不同方面的流程（见图6-3）。通常流程图具备3个特点：①目的十分清晰；②"开始"和"结束"的边界很清楚；③简单、直接。

图标	含义	图标	含义
	开始或结束		延迟
	过程中的活动		检查
	决策点		移动
	输入或输出		文档

图6-3　表示流程的图标

DMAIC

六西格玛是一种管理策略，由摩托罗拉的工程师比尔·史密斯于1986年提出的。这种策略主要强调制定极高的目标、收集数据及分析结果，通过这些措施来减少产品和服务的缺陷。六西格玛背后的原理是，只要你检测出项目中有多少缺陷，你就可以找出如何系统地减少缺陷，以使你的项目尽量完美。一个企业要想达到六西格玛标准，那么它的出错率不能超过百万分之三点四。六西格玛在 20 世纪 90 年代中期被 GE 从一种全面质量管理方法变成一种高度有效的企业流程设计、改善和优化的技术，该技术提供了一系列同时适用于设计、生产和服务的新产品开发工具。我要介绍的一个非常流行的工具就是DMAIC，它是六西格玛管理中的重要工具。DMAIC 是 5 个单词的首字母，分别代表 Define、Measure、Analyze、Improve、Control，对应优化当前流程的 5 个步骤。

第一步，界定改进活动的目标。优化团队需要澄清如何通过改进流程提升运营效率，并制定相应的指标。这一点非常重要，意在强调流程优化的目的驱动生意，不是为了完成部门任务。我们经常看到优化部门在总结自己的工作业绩时，会提出共完成 ×× 项流程优化。而企业经营者应该追问的是："通过这些流程优化，实现了多少经济价值？"

第二步，衡量当前的流程。优化团队需要基于业务充分理解当前流程是如何运行的，需要理解流程运营的关键支撑要素，如数据采集的路径。

第三步，分析流程。优化团队要分析当前流程运行问题的成因，要有数据论证。一般在这个过程中，我们可以采用"鱼骨图"或"5W"等方法。这里需要强调的一点是，通常我们看到企业大都已经熟练掌握了分析方法，但是大部分企业缺乏充分的数据论证，导致最后的分析浮于表面。如果这个步骤没有数据支持，后续的改进和控制的效果就会大打折扣。

第四步，改进流程。在这一步，优化团队应该找到现有流程与改进后流程之间的差距，并能够量化预估改进后的结果。

第五步，控制新流程。优化团队需要在生成新流程后，与业务部门合作以确保流程落地；在这一过程中，需要进行流程控制节点设置、培训及跟进实施效果。同时，如涉及信息系统更新，IT 部门需要及时同步。

SCOR 模型

前文已经对 SCOR 模型的历史做了介绍，此处补充一点，如今 SCOR 模型已经发展到 12.0 版本，被全球 800 多家企业运用。SCOR 模型的整个逻辑框架是为流程再造服务的，美国供应链协会对流程再造的定义如下："为了达到组织在成本、质量、服务、速度方面显著的绩效提升，而对流程进行根本性的重新思考和彻底重构的程序。"如今有很多美国公司和学者热衷于花大量的时间和金钱来发展 SCOR 模型，主要原因有 3 个。第一，SCOR 模型可以让不同行业的公司在讨论供应链运营时使用相同的语言，特别是在进行跨行业、跨企业合作和对标时，能极大地降低沟通成本。第二，SCOR 模型提供了一个帮助组织进行运营流程设计的通用模板。第三，对管理者来说，这个简单、直观的模型能够帮助他们更好地理解供应链。

SCOR 模型分为 3 个层次（见图 6-4），逐步具象。

第一层（见图 6-5），最高层，定义了供应链运作参考模型的范围和内容。供应链运营的活动包含 5 个部分：采购、生产、配送、退货和计划。从图中我们可以看出，SCOR 模型的两个指向非常重要。第一，计划是供应链活动的准绳。第二，供应链的管理活动应该覆盖外部供应商和客户，甚至可以再拓展到供应商和客户的上下游。

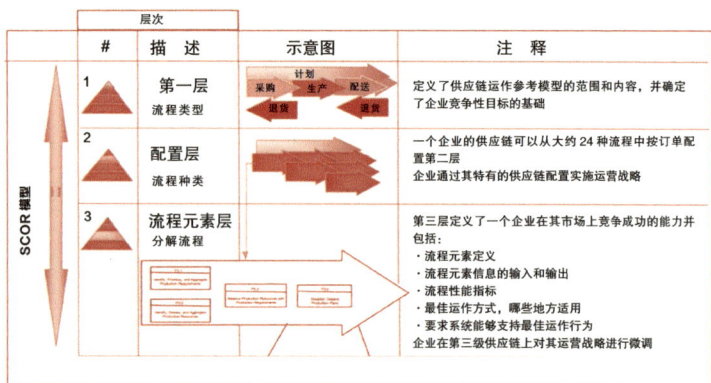

图 6-4　SCOR 模型的 3 个层次

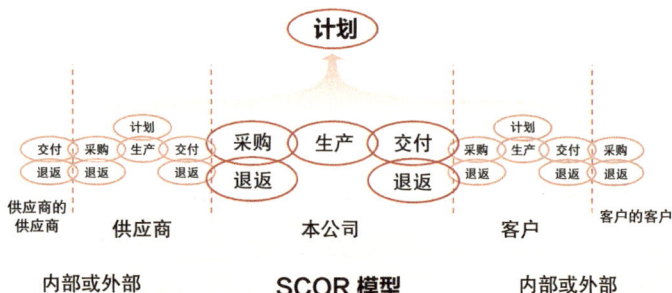

图 6-5　SCOR 模型第 1 层

第二层，配置层，基于第一层主要活动的流程类型。每个企业都可以从大约 24 种流程中配置完整的供应链流程，以驱动自己的运营。

第三层，流程元素层，通过流程元素定义，分解和细化第二层设计，完成整个流程体系的构建。

对于 SCOR 模型的实施，美国历史上有过一组统计数据：通常实施周期为 6~12 个月，实施的回报为 40% ~ 100%。至于为什么要介绍 SCOR 模型，原因有两个。第一，普及知识，让大家了解流程再造的落地原型是什么。第二，对于有条件的部分企业，建议建立基于这一模型的知识能力，阿里巴巴和京东都与美国供应链协会有深度的交流合作。如果企业能够在"轻咨询"的协助下自主实施变革项目，无疑是最佳选择，毕竟由咨询公司主导项目落地，是要耗费巨资的。

企业数字化与流程改造

　　目前，企业数字化已经成为热门的话题。的确，我们正处在由数字化推动的第四次工业革命中，数字已经变成不可或缺的生产要素（见表 6-1，来自腾讯研究院的报告）。曾经，有一个朋友提出了一个观点："5 年以后，没有进行数字化改造的企业，就如同今天没有使用智能手机的人一样。"我同意这个观点，就像今天如果一家 B2C 企业不做线上生意，它无疑是格格不入的。ERP 在中国企业中普及差不多用了 10 年左右的时间。现在，技术的更新迭代如此之快，我相信数字化技术在企业中的推进速度会远远快于之前。

表 6-1　不同历史阶段的生产要素

历史阶段		生产要素	代表人物 / 事件
农业时代		土地、劳动	威廉·配第，庞巴维克
工业时代	第一次工业革命	土地、劳动、资本	亚当·斯密，萨伊，约翰·穆勒
	第二次工业革命	土地、劳动、资本、企业家才能	马歇尔
数字化时代		土地、劳动、资本、企业家才能、数字	十九届四中全会，《关于构建更加完善的要素市场化配置体制机制的意见》

对于数字化，很多企业只有模糊的理解。其实，企业数字化的本质就是流程再造，是在原来工业时代的主要生产要素（人和机器）的基础上，加入另外一个生产要素——数字，并重新融合的过程。这个融合的过程，由于加入了新的生产要素，将使企业的运营效率发生量级的变化。既然这是一个流程再造的过程，它对企业来说就一定是一个庞大的战略工程。在阿里巴巴看来，"数字化转型对中国企业而言，不仅是一道战略选择题，更是一道生存题"。我对这句话有两层理解。第一，企业做不做数字化转型，是一道必答题；第二，企业如何做数字化转型，是一道选择题。两者都是事关"生存还是毁灭"的问题。所以，作为企业经营者，要知其然并知其所以然，要先理解"道"——数字化时代和企业数字化的本质，再结合自身情况找到合适的"法"和"术"。接下来，我将按照这个逻辑展开讲解。

数字化时代

信息技术的发展经历了 3 个时代。

第一个时代，1995—2005 年，我们称之为"PC 时代"。随着计算机的普及，这个时代出现了 3 个新"物种"。第一，以IE 为代表的浏览器。第二，以谷歌和百度为代表的搜索引擎。第三，以 163 和雅虎为代表的电子邮箱。3 个新"物种"的出现，改变了信息获得的方式和沟通的效率。

第二个时代，2005—2015 年，我们称之为"互联网时代"。

随着技术的发展，互联网深层次地改变了生活和商业的方式。这个时代也有3个方面的典型代表。第一，以Facebook和腾讯QQ为代表的社交网络平台。第二，以亚马逊和淘宝为代表的电子商务平台。第三，以YouTube和优酷为代表的视频网络平台。这个时代随着网络速度的提升，对沟通和商业的效率有颠覆性的改变。

第三个时代，2016年至今，我们称之为"数字化时代"。这个时代的信息技术有3个质变。首先是网络速度的质变，特别是5G技术的出现和普及。其次是数据处理能力的质变，其中云计算对数据的处理能力已经突破边界。最后是机器智能化的质变，机器已经实现从完成指令性工作到自我学习。这个时代的典型代表已经不是"线性现象"而是"网状现象"。技术的发展和结合创造了各种颠覆性的变化。第一，云计算和大数据。二者结合物联网的技术，已经可以将所有的活动数据化，并进行快速计算。第二，人工智能。它基于大数据和机器学习的技术，基于人的经验让机器快速学习并实现功能。第三，区块链。这是一种由多种技术融合产生的颠覆性技术，本质是去中心化的商业模式重构。数字化时代的技术革新是飞速的，是颠覆性的。随着时间的推移，我们坚信还会不断涌现新的技术和应用场景。比如最近很火的"元宇宙"的概念，既然人类活动都可以数字化，为什么不可能再创造一个完全数字化的虚拟世界呢？

全球新技术运用趋势

近年来，新技术在全球商业领域得到了广泛运用，其中颠覆性最强的运用发生于供应链运营领域。我将结合德勤咨询2020年的报告来做一些分析。首先，报告分析了全球企业当前面临的主要挑战（见图6-6）。从图中我们可以清楚地看到，随着社会消费人群的改变和技术的进步，企业同时面临着内外部的极大挑战。其中，客户端对企业的要求已经接近"不可能"临界点，既要价格低，也要服务好，还要反应快。全球企业在面临如此大的挑战的情况下，在原有的经营范式中寻求点状突破已变得很难，只有通过技术推动流程革新，才能达到效率的质变。针对企业面临的挑战，报告提供了未来10年将成为颠覆性力量或造就竞争优势的技术（见图6-7），一共11项。同时，报告对这些技术在当前与5年后的使用情况也进行了分析和预测（见图6-8）。结合报告，我谈一下个人的几点看法。第一，单纯的硬件技术水平的提升很重要，但是它产生不了颠覆性的影响，如机器人、传感器和可穿戴设备等。第二，从目前的认知来看，有些问题是无法靠技术解决的问题，比如库存和预测，这是整个学科研究的永恒话题。第三，企业应该重点关注两点：①结合人工智能和云计算对企业整体运营逻辑的改造；②结合区块链和物联网对供应链生态的改造。

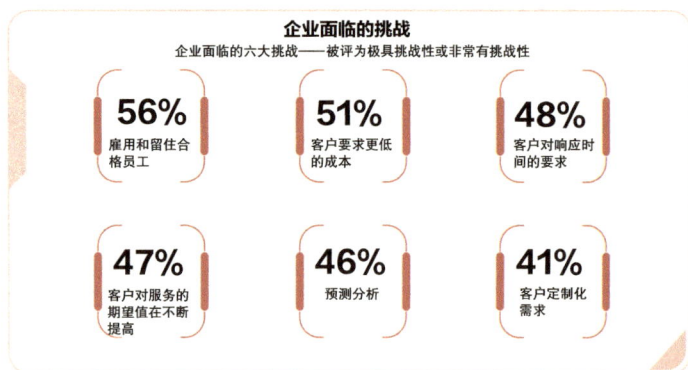

企业面临的挑战

企业面临的六大挑战——被评为极具挑战性或非常有挑战性

56%
雇用和留住合格员工

51%
客户要求更低的成本

48%
客户对响应时间的要求

47%
客户对服务的期望值在不断提高

46%
预测分析

41%
客户定制化需求

图 6-6　全球企业当前面临的主要挑战

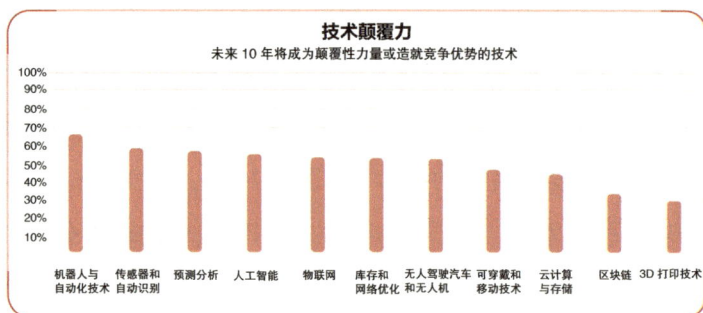

技术颠覆力

未来 10 年将成为颠覆性力量或造就竞争优势的技术

机器人与自动化技术　传感器和自动识别　预测分析　人工智能　物联网　库存和网络优化　无人驾驶汽车和无人机　可穿戴和移动技术　云计算与存储　区块链　3D 打印技术

图 6-7　未来 10 年将成为颠覆性力量的技术

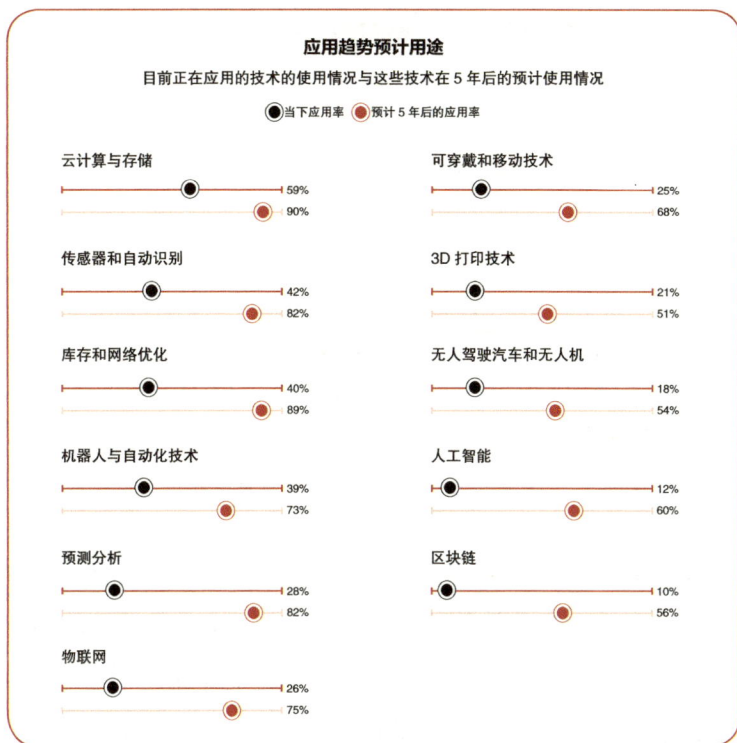

应用趋势预计用途

目前正在应用的技术的使用情况与这些技术在 5 年后的预计使用情况

● 当下应用率　● 预计 5 年后的应用率

云计算与存储
59%
90%

传感器和自动识别
42%
82%

库存和网络优化
40%
89%

机器人与自动化技术
39%
73%

预测分析
28%
82%

物联网
26%
75%

可穿戴和移动技术
25%
68%

3D 打印技术
21%
51%

无人驾驶汽车和无人机
18%
54%

人工智能
12%
60%

区块链
10%
56%

图 6-8　技术应用趋势

　　世界知名的咨询公司——凯捷提供了一组统计数据，是关于新冠疫情后全球企业技术转化和投资的意愿调查（见图6-9）。这组数据在某些方面与德勤的报告有出入，我们姑且认为这是样本选择的原因，在此不做研究和讨论。从这组统计数据里，我希望大家能够看到几个趋势。第一，通过自动化硬件投入取代低端劳动力的趋势。第二，通过人工智能和云计算重建企业数据分析和决策能力的趋势。第三，通过物联网和区块链重构商业生态的趋势。

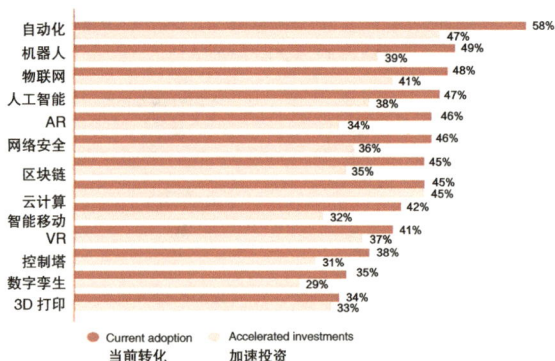

由于新冠肺炎疫情加速和转化的技术投资

自动化	58%
机器人	47% / 49%
物联网	39% / 48%
人工智能	41% / 47%
AR	38% / 46%
网络安全	34% / 46%
区块链	36% / 45%
云计算	35% / 45%
智能移动	45% / 42%
VR	32% / 41%
控制塔	37% / 38%
数字孪生	31% / 35%
3D 打印	29% / 34% / 33%

● Current adoption　　　Accelerated investments
　当前转化　　　　　　加速投资

图 6-9　新冠肺炎疫情后全球企业技术转化和投资意愿

　　下面再简要介绍几个重点技术的应用场景。第一，基于人工智能对数据分析和决策的重构（见图 6-10，来自 IBM 商业价值研究院）。通过人工智能建立的预测与需求感知模型，能够极大地提升企业需求预测的准确性，并帮助企业以此进行产品和供应链的规划。第二，基于物联网对企业运营体系的效率改造（见图 6-11，来自 IBM 商业价值研究院）。企业通过实时采集运营流程中的感应器数据，进行计划与执行层面的实时互动，从而驱动运营体系高效运转。第三，基于区块链，创造上下游的智能合约（见图 6-12，来自德勤）。这能够同时解决数据共享、数据可溯及资质保证等的痛点，从而实现生态效率提升。第四，基于数字孪生，进行虚拟的、动态的运营数据计算，并实时反馈和修正实际运营系统（见图 6-13，来自《数字孪生供应链》白皮书），这可以大幅提高预测和决策的准确性。

战略供应链：体系设计与运营管理

持续智能规划

持续协作规划   无接触式规划

持续协作规划

| POS 商店级别 配送中心 市场数据 公共健康 当地新闻 天气数据 | 人工智能需求感知模型 | 需求感知 | 新产品推出和促销管理 | 制造规划 | 动态分配 | "控制塔台" |

综合业务规划

| 基于推动因素的人工智能预测 | 新产品推出 | 需求规划 | 产能规划和库存 | 财务规划 |

结构化和非结构化的外部数据

□ 持续协作规划
□ 综合业务规划

库存│产品│运营│销售商│第三方应用

基于推动因素的人工智能预测与需求感知   运营数据湖   端到端可视性

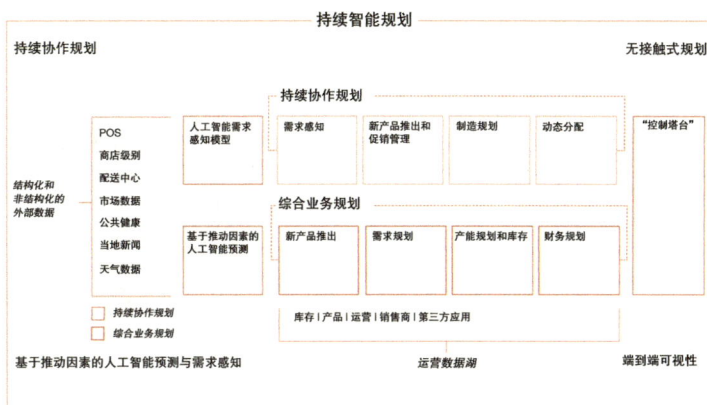

图 6-10　基于人工智能对数据分析和决策的重构

敏捷供应链执行

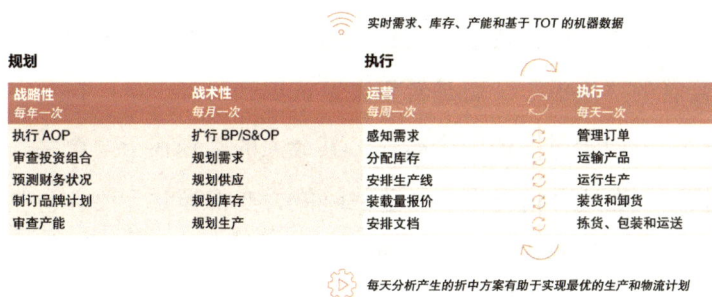

实时需求、库存、产能和基于 TOT 的机器数据

规划   **执行**

战略性 每年一次	战术性 每月一次	运营 每周一次	执行 每天一次
执行 AOP	扩充 BP/S&OP	感知需求	管理订单
审查投资组合	规划需求	分配库存	运输产品
预测财务状况	规划供应	安排生产线	运行生产
制订品牌计划	规划库存	装载量报价	装货和卸货
审查产能	规划生产	安排文档	拣货、包装和送送

每天分析产生的折中方案有助于实现最优的生产和物流计划

图 6-11　基于物联网对企业运营体系的效率改造

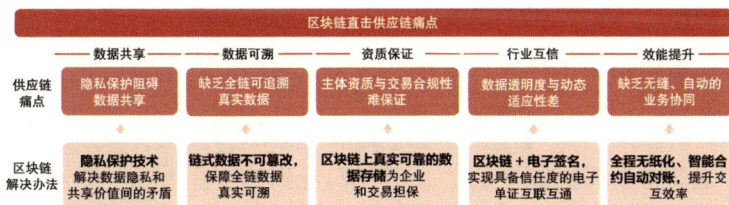

区块链直击供应链痛点				
数据共享	数据可溯	资质保证	行业互信	效能提升
供应链痛点：隐私保护阻碍数据共享	缺乏全链可追溯真实数据	主体资质与交易合规性难保证	数据透明度与动态适应性差	缺乏无缝、自动的业务协同
区块链解决办法：隐私保护技术解决数据隐私和共享价值间的矛盾	链式数据不可篡改，保障全链数据真实可溯	区块链上真实可靠的数据存储为企业和交易担保	区块链+电子签名，实现具备信任度的电子单证互联互通	全程无纸化、智能的自动对账，提升交互效率

图 6-12　基于区块链创造上下游的智能合约

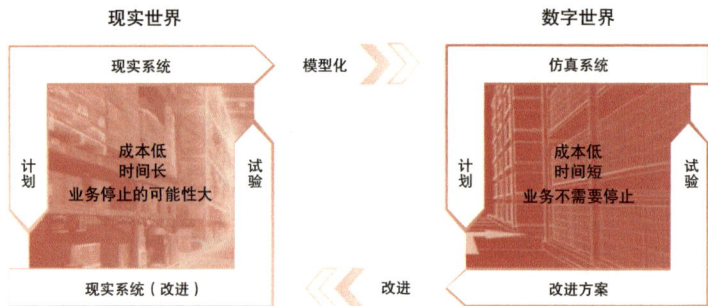

图 6-13　基于数字孪生的计算

企业数字化之路

以上对全球新技术运用趋势的介绍，并不是为了增加企业经营者的"焦虑"，而是希望大家认识到两点。第一，数字化时代它不同于过去的两个时代，其最大的区别在于一个字——"快"。在这种情况下，企业战略能力变得异常重要。企业一方面要能看清趋势，另一方面还要能看清自己，不能想着一步登天。第二，身处数字化时代对所有企业来说，几乎都是一个危机。"危"在于，企业如果跟不上或不主动融合，大概率会被淘汰；"机"在于，企业如果能够把握住机会，就为弯道超车或重生创造了极大的可能性。海尔集团前首席执行官张瑞敏曾经说过："没有成功的企业，只有时代的企业。"这样的表述是非常有思想深度的。今天我们看到一些企业已经走在数字化转型的路上，但是实事求是地讲，许多企业还停留在初级阶段。

战略供应链：体系设计与运营管理

数字化转型的准备

企业在开始数字化转型之前需要做 4 步准备。第一步，明白意义和目的并达成共识。第二步，看清终极蓝图，知道目标在哪里。第三步，认清自己，看到当前的水平、和竞争者的差距。第四步，找到方法，搞清楚如何有效推动变革。

首先，我们要清楚数字化对企业意味着什么。通常认为，企业管理层需要达成 3 点共识：第一，数字化是通过数字技术对业务流程进行的重塑，是彻底的，是颠覆性的；第二，数字化不只是 IT 部门的事情，是涉及端到端所有业务的全方位变革；第三，数字化是一个庞大的战略工程，需要持续的、大范围的投入。一家上市企业的负责人曾经表示要将企业 3 年的利润投入数字化建设，我非常敬佩这样的决心，事实证明这样的决策是正确的。

其次，对于企业数字化商业平台的最终目标，全球知名咨询公司 Gartner 提供了一幅蓝图（见图 6-14），可以作为参考。从图中我们可以清晰地看出，企业依托"四大要素"打造了"五大平台"。四大要素分别是客户、合作伙伴、员工、物件（泛指机器设备等）；五大平台是客户体验平台、生态系统平台、信息系统平台、物联网平台以及数据和分析平台。这幅蓝图描绘了企业的终极目标，也是企业一旦决定做数字化转型，就早晚都要达成的目标。

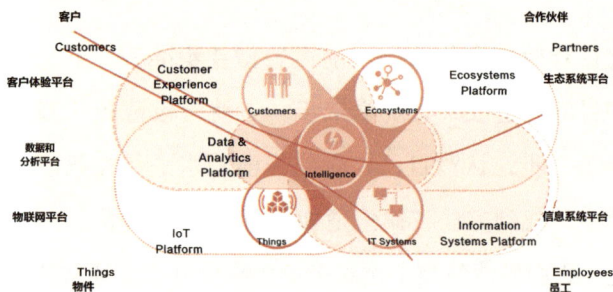

Components of the Digital Business Technology Platform

客户 Customers

合作伙伴 Partners

客户体验平台 Customer Experience Platform

生态系统平台 Ecosystems Platform

数据和分析平台 Data & Analytics Platform

Customers

Ecosystems

Intelligence

物联网平台 IoT Platform

Things

IT Systems

信息系统平台 Information Systems Platform

物件 Things

员工 Employees

图 6-14　数字化商业平台的组成部分

再者，企业应看清自己，要知道当前自己处于什么状态，与竞争者的差距大概在哪儿，从哪里着手改变。这里我引入两个模型，以帮助企业进行概念性的判断。第一个是数字化发展模型（见图 6-15，来自百度百科）。这张图陈述了企业数字化发展的 4 个阶段。第一阶段，业务操作电子化。比如，用办公软件取代手工完成工作。第二阶段，业务流程信息化，主要体现在企业用 ERP 系统整合内部资源。第三阶段，业务和管理数字化，主要表现为业务场景数字化、消除"信息孤岛"。第四阶段，业务决策智慧化，主要表现为在业务场景完全数字化的基础上，构架基于智能的数据决策系统。第二个是企业数据分析能力成熟度模型（见图 6-16，来自 The Hackett Group）。这个模型从数据和分析的角度区分出企业所处的 5 个级别：基础级、机会级、系统级、区分级、变革级。关于数字化的模型非常多，而这两个模型能够让企业从业务场景数字化和数据分析能力两个维度检验自身的成熟度，从而清楚自己当前所处的位置。

第一阶段：业务操作电子化。 电子化是指将企业日常繁重的事务性手工工作转变为机器的工作，以提高个体工作效率的过程。

第二阶段：业务流程信息化。 信息化即通过企业管理重组和管理创新，结合IT优势将业务流程固化。该阶段是企业信息化，尤其是网络化建设与应用的导入阶段。

第三阶段：业务和管理数字化。 数字化即应用数字技术，整合企业的采购、生产、营销、财务与人力资源等信息，做好计划、协调、监督和控制等各个环节的工作，消除"信息孤岛"，系统地形成价值链。

第四阶段：业务决策智慧化。 智慧化是指在企业的已有知识的基础之上，能够智能创造、挖掘新知识，将其用于企业业务决策、企业日常管理等，形成自组织、自学习、自进化的企业管理体制。

图 6-15　数字化发展模型

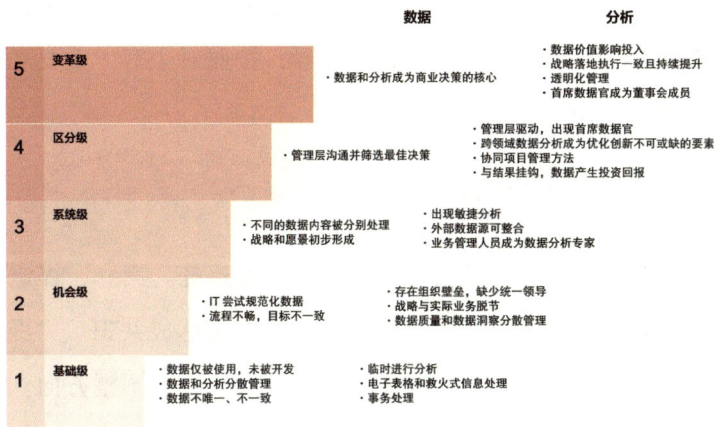

		数据	分析
5	变革级	·数据和分析成为商业决策的核心	·数据价值影响投入 ·战略落地执行一致且持续提升 ·透明化管理 ·首席数据官成为董事会成员
4	区分级	·管理层沟通并筛选最佳决策	·管理层驱动，出现首席数据官 ·跨领域数据分析成为优化创新不可或缺的要素 ·协同项目管理方法 ·与结果挂钩，数据产生投资回报
3	系统级	·不同的数据内容被分别处理 ·战略和愿景初步形成	·出现敏捷分析 ·外部数据源可整合 ·业务管理人员成为数据分析专家
2	机会级	·IT尝试规范化数据 ·流程不畅，目标不一致	·存在组织壁垒，缺少统一领导 ·战略与实际业务脱节 ·数据质量和数据洞察分散管理
1	基础级	·数据仅被使用，未被开发 ·数据和分析分散管理 ·数据不唯一、不一致	·临时进行分析 ·电子表格和救火式信息处理 ·事务处理

图 6-16　企业数据分析能力成熟度模型

　　目前，大部分企业处于两个模型的"1~2"和"2~3"的状态。处于"1~2"状态的企业的典型特征是，还没有上线 ERP 系统。因为，一般已经上线 ERP 系统的企业都必须完成内部流程的系统固化，系统也能提供部分数据分析能力的支持。但是有些企业会认为："我们虽然没有 ERP 系统，但是业务模式是在线的，每天大量运用平台的分析数据，效果也不错。"我认为，既然数据是重要生产资料，那获得数据和分析数据的能力应该是自己的。一些处于"2~3"状态的企业，已经上线了 ERP 系统，正在实现业务场景化的数字化。这些企业有系统支持的部分 BI（Business Intelligence，商业智能）分析功能，但是存在大量的"信息孤岛"，手工报表依然存在，确保数据的准确性仍然是一个巨大挑战。处于这个状态的企业与正处于"3"状态的企业最大的表象区别是，业务人员都是数据分析专家。ERP 系统对企业实现数字化至关重要，好比航空母舰的母体。有了这个"母体"，业务场景化才能着陆。至于业务场景化如何排定优先级，这确实是因企业而异，按照对生意"重要和紧急"的程度排序一般不会错。

数字化转型的原则和注意事项

企业推动数字化转型有三大原则需要遵守。第一，谋定而后动。企业管理层需要就要不要做和怎么做达成共识，"慢思考，快行动"，千万不能着急上马，一边做一边调整方向。第二，循序渐进。数字化转型是一个漫长的过程，因此企业不能期望一天就建成罗马。即使企业有再强的意愿和能力，也不可能一步到位。底层的逻辑是，数字化转型是流程再造的过程，过程中可以通过增加资源加快进度，但是流程的"根本性思考和彻底重构"一定需要充足的时间，欲速则不达。第三，正确预期。数字化的投入期长，但是真正见效往往需要到进入"3"状态以后。因此，企业经营者千万不能指望上线一个系统或提出一个业务场景解决方案，就能立即取得经济效益。Gartner 在 2017 年做了一个关于企业数字化的研究，研究发现：① 67%

的管理者关注的技术问题相当于水面上的冰山；②33%的管理者关注的企业转型问题深藏在水面之下；③水面之下的冰山对企业数字化转型的价值影响15倍于水面之上的冰山（见图6-17）。

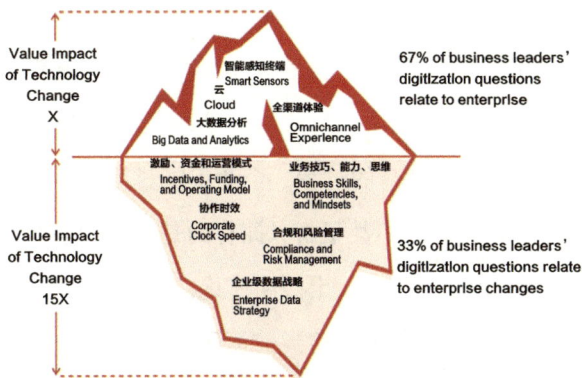

图 6-17　水面上和水面下的"冰山"的影响

另外，还有一些注意事项，我希望企业在推行数字化转型的时候能够避"坑"。第一，永远不要忘记数字化的本质。数字化的本质是流程再造，因此企业最重要的抓手是基于未来的流程设计，也就是"to-be"蓝图。如果上线系统只是把现有的业务在线化，只能说达到了一半的目的。比如，企业决定上线ERP系统。ERP系统都有标准版本，企业通常有两种错误的做法：①完全按照标准版本；②完全按照现有流程。而基于最佳实践设计未来流程需要企业进行根本性的思考，这个过程是数字化过程中最有价值的环节。第二，项目负责人的最佳人选来自业务部门高管。基于我们前面谈到的本质，做好数字化的前提是做好流程再造，对流程再造进行根本性思考需要同时具备战略眼光和实操经验，因此业务部门高管是最合适的人员，通常首席运营官是首选。第三，正确定位内外部的资源。实施这种级别的项目通常需要咨询公司的帮助。咨询公司有两方面的价值：①战略构建；②流程实施。咨询公司能够帮助企业使用正确的方法论定位数字化的战略架构，同时能够在实施过程中协助企业使用正确的方法论和最佳实践找到未来流程。而内部团队应该由业务部门的骨干组成，并全职投入项目。内外部融合是协同工作、共同创造的过程。企业不能过度依赖咨询公司，因为它们对企业的业务不甚了解，拥有的是方法论和最佳实践；也不能对内部团队过度自信，因为他们缺少方法论和最佳实践，了解的是本企业的运营痛点和当前流程。第四，正确选择咨询公司。如前文所述，咨询公司最大的价值就是拥有方法论和最佳实践，而这些是它们通过大量的跨行业实施案例总结出来的。如果咨询公司只有某一个企业的成功经验，那选择该公司的企业的试错成本可能就会比较高。另外，实施和规划是两个层面的概念，需要的咨询顾问画像也是完全不同的。

过程管理驱动经营业绩提升

企业的发展需要双轮驱动。一方面，我们通过战略驱动未来，并通过数字化实现愿景；另一方面，我们也需要立足于实际情况，通过现有的流程驱动当下和短期未来的经营业绩。没有当下的经营业绩，未来的愿景也会变成空谈。前文已经详细论述了如何结合战略供应链思维设计战略及经营业绩，接下来将重点阐述如何通过过程管理驱动经营业绩提升。在此，我要介绍3个重要的流程或工具。

年度经营计划

对大部分企业来说，年度经营计划并不陌生，它被视为企业经营的准绳。通常我们看到，制订年度经营计划是动用企业资源最多且最花费精力的事情之一。有些企业经营者甚至一谈到年度经营计划就挠头，有点儿"谈计划色变"的感觉。当前企业在制订年度经营计划时经常遇到的问题体现在以下几个方面。第一，年度目标很难定。业务部门抱怨企业经营者拍脑袋定目标，企业经营者觉得业务部门不愿意挑战高目标，组织上下形成了严重的博弈。第二，文山会海。这主要表现为用大量文字和数字来支撑"己方论据"，召开大量的企业级、部门级及跨部门会议来协同目标。第三，被动接受。许多讨论制订年度经营计划的会议都以业务部门被动接受收尾，这一般会导致两种糟糕的情况。第一种情况是"随他去吧"，由于目标定得太高，业务部门在沟通无果的情况下只能接受。在这种情况下，负责人基本定完目标就"缴械投降"了。第二种情况是"都听你的"，由于目标定得太细、卡得太"死"，业务部门没有任何操作空间，负责人只能照搬、照做。

结合战略供应链思维和案例研究，我认为有两个根本原因导致了企业的这种现状。第一，年度经营计划的定位问题。很多中国企业经营者认为，年度经营计划是企业最主要的抓手，所以这个"武器"要"趁手"，怎么有利于"1号位"抓经营，就怎么设计。其实这个理解是有问题的。我认为，年度经营计划有双重身份：第一重身份是企业战略的承接者，而不是创造者；第二重身份是企业年度运营的准绳，是用于衡量和纠偏的工具，而不是抓手。第二，战略与年度经营计划脱节。前文介绍了企业核心战略的制定，强调的是企业战略制定的过程实际上是达成共识的过程。基本竞争力和战略目标已经在战略层面形成一致的声音，年度经营目标只是战略目标的目标之一罢了。年度经营计划如果出现问题，我们只能认为它与战略脱节了。

怎么高效地制订并实施年度经营计划？我们有必要结合战略供应链思维简要介绍一下。第一步，战略元素拆解（见图6-18）。从核心战略里的市场竞争分析和战略目标中拆解出年度部分。第二步，把目标拆解到主要业务部门，比如事业部或销售部门承接利润或销售收入指标，供应链部门承接运营层面指标。第三步，各业务部门研讨达成目标的关键举措和资源需求。第四步，召开业务部门经营计划审核会议。第五步，召开其他支持部门经营计划审核会议。第六步，批准计划并执行。第七步，跟进并纠偏。

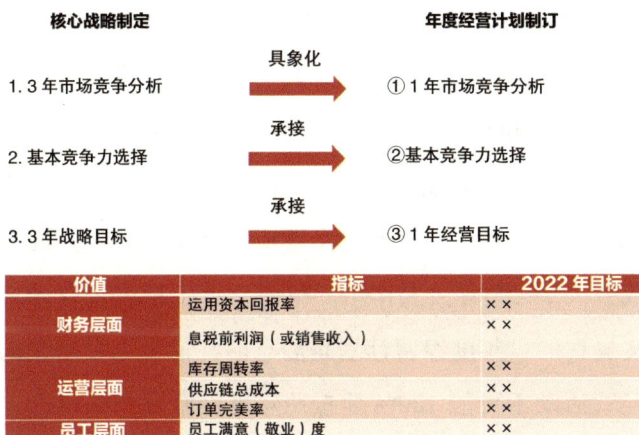

核心战略制定   **年度经营计划制订**

具象化

1. 3 年市场竞争分析 ➡ ① 1 年市场竞争分析

承接

2. 基本竞争力选择 ➡ ② 基本竞争力选择

承接

3. 3 年战略目标 ➡ ③ 1 年经营目标

价值	指标	2022 年目标
财务层面	运用资本回报率	××
	息税前利润（或销售收入）	××
运营层面	库存周转率	××
	供应链总成本	××
	订单完美率	××
员工层面	员工满意（敬业）度	××

图 6-18　战略元素拆解

销售与运营计划

前文提到，年度经营计划是企业经营的准绳而不是抓手，可能还有很多人并不能理解这一点。我们分析一下用"年度经营计划"作为抓手的逻辑怪圈。①计划没有变化快。市场是在不断变化的，用一个不变的数字去 100% 地规划一个变化的活动，这个逻辑有问题。②财务数据是企业运营活动产生的后置性数据，是运营过程的结果。我们先将运营过程指标转化为财务指标去分析，然后要求业务部门把财务指标再还原为业务指标去分析原因，这貌似绕了一圈又回到了起点。在这一过程中，财务部门和业务部门都要耗费大量的精力用于计算、写汇报材料，以及开各种层次的会议。

到底如何通过过程管理驱动经营业绩提升呢？我先介绍一个有效的管理流程——销售与运营计划。销售与运营计划也叫 S&OP（Sales and Operation Planning），也有人称之为 IBP（Integrated Business Planning），其实它们的本质都一样。S&OP 作为决策和计划制订的管理流程已经经过了 20 多年的实践，因此它的成熟度和有效性得到了企业的广泛认可。另外，它的市场导向和动态平衡原理在帮助企业应对多变的环境方面具有卓越的成效。S&OP 有三大作用。第一，承接年度经营计划。正如前文提到的，年度经营计划是静态的，但市场是动态的，企业的经营活动不可能 100% 地按照年度经营计划去展开，而是需要接受动态管理，当然最终的目的还是实现年度经营计划的目标。第二，平衡供需两端。市场是难以预测的，客户的需求随时随地都在发生变化，而 S&OP 能帮助企业在动态中平衡供应端和需求端，以满足客户需求和实现经营业绩最大化。第三，集成企业跨部门计划。前文在介绍 SCOR 模型时，讲到供应链活动的准绳是计划，而 S&OP 能对企业的所有计划进行整合。

下面着重介绍两个内容，一个是 S&OP 的方法和结构，另一个是 S&OP 会议。这里，我引用了美国供应链协会关于 S&OP 的方法介绍（见图 6-19）。从图 6-19 中，我们可以很清晰地看到 S&OP 与年度经营计划之间的关系，以及平衡需求和供应的逻辑关系。有几点我需要说明，以帮助大家更好地理解相关内容。第一，年度运营计划与 S&OP 是相互影响的关系。首先，S&OP 承接了年度运营计划的目标；其次，在运营过程中，S&OP 会动态反哺年度运营计划。当需求或供应能力发生重大变化的时候，S&OP 会提前预测风险，协助企业经营者决定是否需要调整年度目标及相关绩效目标。第二，S&OP 关注未来 12 个月（有很多行业关注未来 18 个月）的计划管理。它能跨越年度经营计划周期，确保经营的平稳运行。同时，一般情况下，企业会在未来 3 个月的计划的颗粒度上下功夫，以确保其能够更具象地指导经营。第三，S&OP 的颗粒度一般到月度层面。企业一手拿着销售月度分解计划，一手拿着供应能力月度分解计划，结合当月的现实情况，滚动平衡未来 3~12 个月的供需关系。第四，主计划的颗粒度一般到周层面。制造型企业由于生产产能的排布需要提前进行物料和能力准备，需要确保生产的稳定性，所以在周层面也需要进行供需两端的平衡，避免欠产或超产对下周的生产计划造成不利影响。一般情况下，当在当月 4 周的周期内无法实现计划目标时，企业需要滚动到下一个周期并上升到 S&OP 的层面去解决这一问题。在实际中，主计划应该扩展为包含物流和采购计划的大供应计划。对于非生产型企业，其针对外包供应商运用的原理是一样的。第五，具体执行计划一般到日层面。如果每天的计划匹配出现不平衡的状态，企业就需要在 7 天内解决这一问题。如果不能解决，就需要滚动到下一周期并上升到主计划层面去平衡。

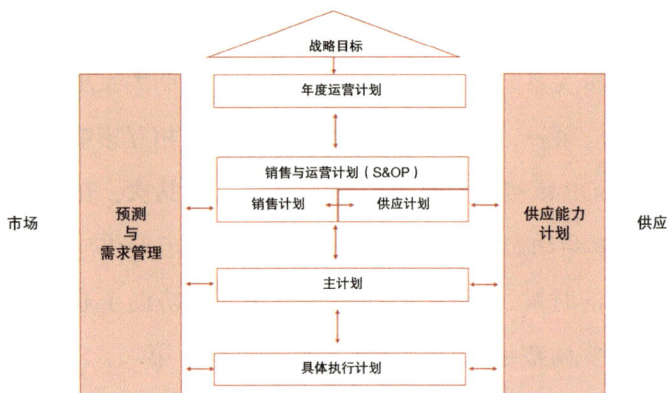

图 6-19 S&OP 的方法介绍

S&OP 会议是每月举行一次的综合性会议，能使企业管理者专注于在短期内满足客户需求和优化资源分配方式。召开 S&OP 会议一般包含 5 个步骤。

第一步，数据收集。一般在当月 5 日之前，由计划部门完成基于上月完成情况的滚动预测更新。

第二步，召开需求会议。需求会议通常在当月第一周召开，由需求计划部门召集，销售和市场部门的最高负责人主持。在会议中，销售和市场部门的代表基于滚动更新的销售预测，基于自身的经验和判断，探讨从渠道、营销、新产品等方面如何实现经营目标，以及可能产生的调整和资源请求。这一步需要形成关键输出。

第三步，召开供应会议。供应会议通常在当月的第二周召开，由供应计划部门召集，供应链部门最高负责人主持。会议以需求会议的关键输出为输入，各部门代表需要讨论如何从能力上去匹配大家在需求会议上提出的需求。这一步需要形成基于资源请求的关键输出。

第四步，召开 S&OP 预备会议。S&OP 预备会议通常在当月的第三周召开，由计划部门的负责人召集，需要销售、市场、供应链、财务部门的代表参加。这个会议作为高级 S&OP 会议的准备会议，召开的重点是对供需两端进行基于数据的验证和再平衡，以及由财务部门从年度经营计划的角度进行把关和输入，最终形成高级 S&OP 会议的决策项和决策条件。

第五步，召开高级 S&OP 会议。高级 S&OP 会议通常在当月的第三周召开，由计划部门的负责人召集，通常需要首席执行官及销售、市场、研发、财务、供应链部门的最高负责人参加。基于预备会议的输出，与会负责人需要进行最终决策。决策内容一般包含新产品、产品组合，有重大财务影响的投入以及基于年度经营计划的调整等方面。

对于 S&OP 会议，我有几个重要提醒。第一，需要形成集成计划管理体系。当前很多企业还没有真正的计划体系，更多的是在周层面和日层面进行执行计划管理。执行计划的功能也基本分散在业务部门和总裁办，由总裁办负责跟进年度经营计划，业务部门在周层面和日层面跟进执行计划。我认为，最佳的实践是把计划职能在公司层面进行集成，并搭建从需求到供应计划的完整链条，把各部门的"信息壁垒"打破。这是 S&OP 运行的根基。第二，提高企业的效率。许多企业各层面的会议非常多，大部分都是在做跨部门沟通。S&OP 会议虽然有 5 步，但能够大大减少在"水面"下的会议的数量。第三，S&OP 会议是基于未来的决策而召开的。前文提到，年度经营计划是企业经营的准绳，而 S&OP 是企业进行过程管理的抓手，企业能够通过它动态地从月、周、日 3 个层面实现运营平衡，企业经营的问题也能通过它在动态中得到解决。S&OP 是站在当月看未来 3 个月的运营情况，高级会议产生的决策也是为了为未来的经营扫除障碍。部分企业喜欢通过召开月度经营分析会议去抓经营，从逻辑上来看，这是相对滞后的。如果 S&OP 能够高效地运行，月度经营分析会议甚至可以取消。这样，企业经营就变成通过 S&OP 抓短期未来的经营、每天发现问题和解决问题，这样无疑效率更高，全球很多优秀公司的实践也证明了这一点。第四，在不同层面、不同维度，平衡的侧重点有所不同。具体执行计划和主计划从日和周的角度和操作层面出发，重点是最大化地满足既定的市场需求，平衡的是供应能力和个性需求；S&OP 是从月的角度和经营层面出发，重点是平衡未来市场的总体需求和企业运营效率。比如，当产品滞销的时候，企业需要在限产和低价促销之间做选择；当产品脱销的时候，企业需要在增加产能和限制交付之间做选择。这又涉及战略供应链思维提到的"供应链三角"（库存、服务、成本）平衡。

我在此举一个案例，以便大家更好地理解。A 是一个成本战略驱动的制造型企业，产品严重滞销，在本月的 S&OP 会议中需要决定未来到底是停产还是继续生产。一般情况下，在预备会议上，企业需要完成两件事。第一件事是，计划部门需要进行针对几种情况的模拟并且对各种情况下库存、服务、成本的影响结果进行分析。第二件事是，财务部门需要基于计划部

战略供应链：体系设计与运营管理

门的模拟结果补充企业现金流、利润及运营资本效率的测算结果。在高级 S&OP 会议上，依据企业竞争力选择，企业经营者决策的核心依据应该是保证总成本最低，牺牲部分现金流和收入。

控制塔

前文提到让"每天发现问题和解决问题"成为企业经营的抓手。如何才能做到这一点呢？通常企业的各大部门都有一个岗位——企划专员，这些专员是为了满足各级领导阅读报表的需求而诞生的，他们的存在使每一个下级部门与上级部门之间都形成了一条成熟的信息传递链。他们如同领导的眼睛和耳朵，企业决策所需的数据也都是由他们提供的。看到这里，我们不禁会问："如果数据错了怎么办？如果没有发现数据错了，会发生什么情况？"

这里引入一个有效的工具——控制塔。控制塔其实就是仪表盘的意思，它的实现路径很简单，也不需要投入太多。比如，使用一个叫 TABLEAU 的商业分析软件（见图 6-20），通过建立与 ERP 等系统的接口从后台取数，就能及时呈现基于 ERP 系统数据的指标数据和图表。也就是把各级领导需要的报表自动在软件里生成，方便领导及时阅读。苹果公司的首席执行官库克每天乐此不疲的一件事情就是打开系统查看实时的库存数据。控制塔的好处我在此不做赘述，仅有几点提醒。第一，权限设置。从数据安全和授权的角度看，企业经营者需要清楚不同角色的权限。我建议企业经营者主动规定自己的权限范围，只关注前文提到的6项公司级指标。这不仅是一个权限问题，更是组织授权的问题。第二，实现仪表盘的本来功能。大家知道，仪表盘是用于指导行车的重要装置，"驾驶者"要非常清楚自己的仪表盘需要呈现哪些信息。第三，养成主动分析的习惯。让管理者从"等报表"转变为主动分析，需要一个过程。第四，了解其他用于商业分析的系统解决方案。用于商业分析的系统解决方案很多，我在此只介绍了最简单的一种，企业可以根据自己的实际情况选择。

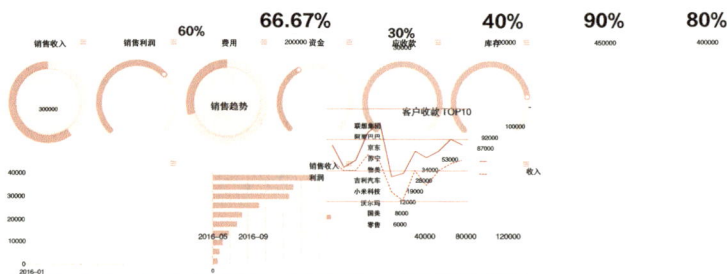

图 6-20　基于 ERP 系统数据的指标数据和图表

以上介绍的两个抓手，可以帮助企业经营者高效地完成对运营过程的管理。如果企业经营者在决策过程中辅以战略供应链思维，经营业绩的提升就会变得顺理成章。

本章围绕企业如何基于数字化打造端到端的流程，从企业的现状谈起，通过对照介绍了有效流程的特征；同时结合流程优化和再造的工具，呈现了打造端到端流程的方法论；接着论述了企业数字化与流程改造的关系，从数字化时代和全球新技术运用趋势谈起，逐步探讨企业如何进行数字化转型；最后承接战略供应链思维和核心战略，探讨如何通过过程管理驱动经营业绩提升。

在此，我们回顾一下战略供应链思维转化、落地的情况。我们提出战略供应链思维的核心内容有 3 点：①通过战略设计"供应链三角"，设计经营业绩；②通过过程驱动"供应链三角"实现经营业绩目标；③核心思想是取舍和动态平衡。在核心战略制定的过程中，我们运用了战略供应链思维，设计了企业的基本竞争力和战略目标；在供应链战略设计的过程中，我们承接战略目标和基本竞争力选择，阐述了如何确定供应链战略类型和目标；在流程设计中，我们阐述了如何把核心战略和供应链战略转化为年度经营计划；我们引入 S&OP 和控制塔，把年度经营计划进一步承接到月和日层面进行管理。S&OP 流程就是取舍和动态平衡的过程，而取舍的依据就是基本竞争力和战略目标。至此，我们已经在战略和流程层面全面打通和落地了战略供应链思维。接下来，我们将从组织承接和生态圈承接的角度进一步阐述。

第7章

一体化供应链组织和绩效体系搭建

本章将围绕如何确保供应链战略落地和端到端流程的有效展开，阐述与之匹配的供应链组织搭建，并在组织搭建的基础上，讨论绩效体系搭建与战略目标分解方法，最后从评价及激励的角度提出有效措施。

供应链组织架构的演变

供应链于 20 世纪 90 年代在美国兴起，随着欧美企业的全球化布局及供应链战略的调整，供应链组织架构也在动态地发展。我将结合 PRTM 的两位首席合伙人科恩和罗塞尔介绍的内容，具体阐述供应链组织架构的演变史。

20 世纪 70 年代到 80 年代，欧美比较流行职能型供应链组织（见图 7-1）。当时，一般由运营副总管理制造和物流，而采购和客户管理则是独立的。这种架构的流行与当时的市场环境和企业状况息息相关。①市场尚处于物资匮乏的阶段，企业处于卖方市场。②企业以制造为核心，大部分是生产型企业。③渠道很强势，客户服务的对象主要是渠道商。④物流模式比较简单，基本是生产制造的"配套设施"。⑤由于制造业的毛利水平相对较低，所以采购成本得到企业经营者的充分重视。

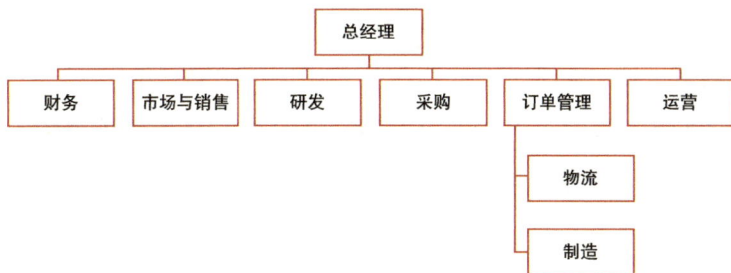

图 7-1　职能型供应链组织

在 20 世纪 80 年代至 90 年代，运营部门变成了一个"大后勤"的概念，我们称之为过渡型供应链组织（见图 7-2）。由于市场竞争的加剧和新技术的迭代，企业经营者发现自己长期陷于日常运营的琐事之中，没有时间进行战略思考和规划，因此将财务、市场与销售和产品研发以外的相关支持职能整合成一个大的后勤支持单位，由运营副总管理。这个时候的"大后勤"乍一看与后续的一体化供应链组织的职能相似，但是两者有本质的区别：一个是行政职能的合并，另一个是端到端的整合。

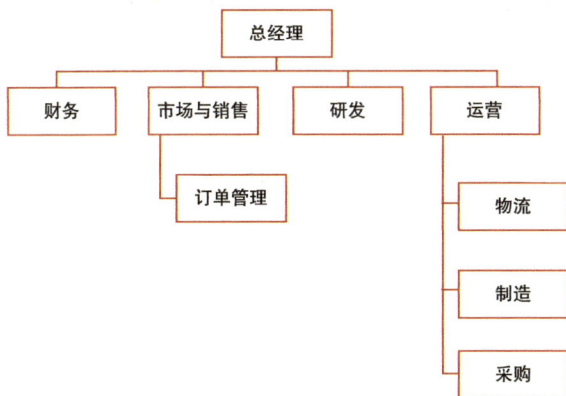

图 7-2　过渡型供应链组织

进入20世纪90年中后期，"供应链"开始流行。直到这一时期，欧美企业才真正出现诸如供应链副总或供应链总监这样的职务。彼时，"整合""端到端"的供应链思想开始萌芽，组织也产生部分一体化的架构（见图7-3）。这时候成立的供应链组织开始尝试进行内部流程的整合，但并没有在真正意义上实现物流和信息流的完全打通。

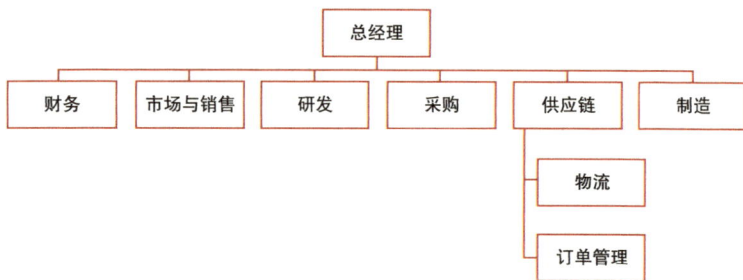

图7-3　部分一体化的架构

2000年以后，随着供应链理论和实践的不断发展，欧美企业逐渐发现供应链整合的巨大价值，开始在流程和组织上搭建一体化的供应链组织（见图7-4）。同时，随着信息技术的发展，基于新流程打造的信息系统开始彰显其价值。

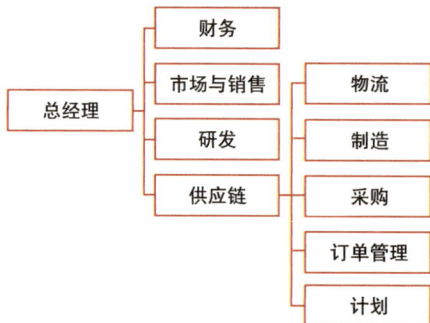

图7-4　一体化的供应链组织

战略供应链：体系设计与运营管理

随着全球化进程的加速，欧美企业的供应链网络变得越来越复杂。基于亚太市场的高速成长，制造网络开始深度布局并贴近消费市场。这时，基于全球化的供应链组织（见图7-5、图7-6）开始出现，并且有不同的呈现形式。但是其前提是，供应链端到端的信息流已经完全在集团层面打通。图7-5A展示的是一种分散型组织，各业务单位的供应链完全独立，只是通过一个虚拟的供应链协调委员会进行最佳实践和集团层面的协调。图7-5B展示的是一个战略集中型组织，这是一个典型的矩阵型组织。总部层面的供应链部门负责战略制定和网络规划，采购集中化、流程标准化和持续改进，以及公司级的项目管理。总部对业务部门有指导作用和部分考核权利。图7-6C展示的是另一种集中型组织形式，总部在图7-5B所示职能的基础上，还会对计划、库存、全球运输及合规性进行执行管理。图7-6D展示的是一种完全集中的方式。根据麦肯锡对超过50家跨国企业的调查，图7-5B和图7-6C所示的供应链组织形式占主导，合计约占调查样本的85%。这两种组织形式孰优孰劣，并没有判断标准，主要还是根据行业和公司业务的不同进行的选择。

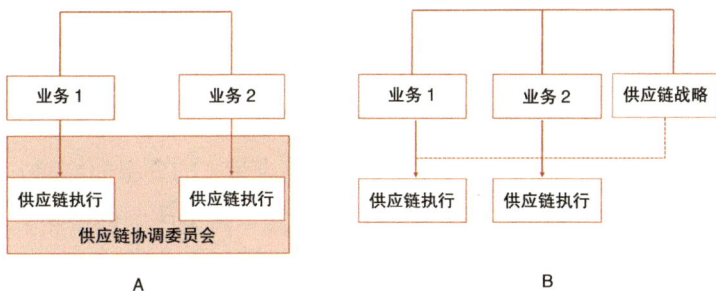

图7-5　基于全球化的供应链组织（分散型和战略集中型）

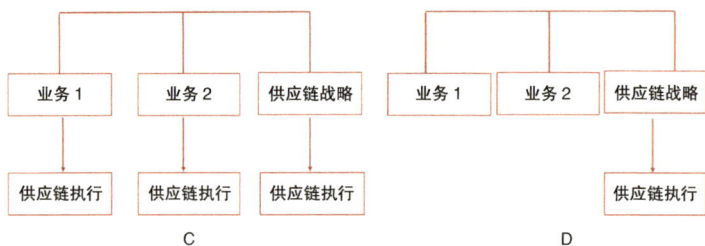

图 7-6　基于全球化的供应链组织（另一种集中型和完全集中型）

　　这种组织架构的演变对中国企业有借鉴意义。目前中国企业大概可以分为两部分：第一部分，大部分 B2B 制造业仍然属于职能或过渡型组织形态；第二部分，大部分 B2C 企业属于部分一体化的组织形态。随着业务的发展，未来如果企业的主要市场还在中国，建议选择图 7-6D 所示的形式（一体化组织）；如果企业要进行全球化布局，根据目前普遍的管理能力，建议采用图 7-5B 所示的形式。

　　也有人会提出，当前世界的潮流是激活组织，组织要扁平化，要化整为零，以便更好地反映市场、激发活力。前有稻盛和夫先生提出的"阿米巴"经营模式，现有海尔的"人单合一"，互联网行业的很多企业也都在纷纷实践这些模式。我个人认为这种做法是正确的，但是请大家不要忽视一个前提：供应链是一个赋能组织，化小作业单位更多的是指面向市场的销售和产品部门。供应链作为一个中台，需要的是整合带来的资源配给能力。不管是华为、海尔，还是服装行业实践"阿米巴"经营模式的先行者——韩都衣舍，都有强大的"中台"支撑。以韩都衣舍为例，企业创新了组织模式，建立了以产品小组为核心的单品全程

战略供应链·体系设计与运营管理

运营体系，以此形成了敏捷的前端，直接面向客户和市场。然而，产品小组之所以能够有效地运转，依赖的是中后台的强大支撑。每一款产品，其设计、生产、销售都以产品小组为核心，但是企划、生产、营销、客服、物流等相关业务环节需要配合。产品小组能够敏捷地响应客户并抓住机会和需求，而中后台的配合决定了呈现在客户面前的产品和服务品质。当然，中台可以用于进行市场化竞争，但是中台的竞争力一定建立在它的整合能力之上。

有效的供应链组织

根据科恩和罗塞尔的观点，供应链组织设计要遵循 4 项基本原则。

第一，组织必须真实反应流程。科恩和罗塞尔在书中举了一个杰尔公司的案例，令人印象深刻。杰尔公司是半导体存储、无线数据及公共与企业网络领域的全球领先者。该公司在推行集成计划体系的时候遇到了很严重的问题：原有的计划人员分属不同的业务部门，他们经常以快速反应市场为由，不断地改动客户交付的时间，而这造成了系统和人为操作"两张皮"。公司看到这个问题以后，在总部成立集中计划部门，并统一计划流程，经过 6 个月的运行后，公司计划的无效比例从 90% 下降到 50%，客户准时交付率从 70% 提升到 95%，库存周转率提高到原来的 2 倍。杰尔公司这个案例值得我们深思，目前部分企业的计划功能处于失效的状态，典型的表象特质是库存水平高、预测与产能严重不匹配等。我要强调的是，组织架构调整的前提是建立端到端的流程，如果没有进行流程再造，只调整组织将收效甚微。

第二，每一个流程都有对应的部门或个人负责。这一点看似很容易做到，但是职能化的组织架构里有厚厚的"部门墙"，制定流程大多从使职能部门利益最大化的角度出发，出现的结果一般有两种：第一种是没有清晰的流程负责人，第二种是流程集中在个别负责人或部门处。有一个常用的模型 RACI（见图7-7），主要用于定义某一项活动的参与人员的角色和责任，是一个简单、有效的工具。RACI 是一个用以明确组织变革过程中的各个角色及其相关责任的相对直观的模型。变革是不可能自发或自动进行的，必须有人对其施加作用，促使进程发生变化。因此，我们很有必要对谁做什么，以及引发什么样的变革进行定义和描述。

①谁执行（R = Responsible），即负责执行任务的角色，具体负责操控项目、解决问题。

②谁负责（A = Accountable），即对任务负全责的角色，只有经其同意或签署文件，任务才能进行。

③咨询谁（C = Consulted），即在任务实施前或过程中提供指定性意见的人员。

④告知谁（I = Informed），即及时被通知结果的人员，不必向其咨询、征求意见。

在审视流程与组织或角色是否匹配时，如果 R 过多，则证明该组织或角色负担太重；如果没有 R 或 A，证明该角色或部门可能会被取消或解散；如果 A 过多，证明该流程跨角色 / 组织的权限不均衡；当一个流程涉及的空白太少，证明它涉及角色 / 组织太多。

R 过多表示该角色或组织负担过重

没有 R 或 A 表示该角色或组织可能会被取消或解散

A 过多表示该流程跨角色/组织的权限不均衡

空白太少表示该流程涉及角色/组织太多

	角色/组织 1	角色/组织 2	角色/组织 3	角色/组织 4	角色/组织 5	角色/组织 6
活动 1	A	A	C	R	C	C
活动 2	A	A		A	I	A
活动 3		R/C		R		
活动 4	I	C	A	R	C	A
活动 5			R/I	R		R
活动 6	R		C	C	C	C

图 7-7　RACI 模型

第三，有利于保持和增强企业的核心竞争力。任何组织进行设计或调整都应该围绕保持自身的核心竞争力。前文提到，按照战略供应链思维的逻辑，企业在战略层面要有清晰的基本竞争力选择，而基本竞争力选择又决定了企业的供应链战略和战略目标。供应链组织需要鲜明、突出地体现承接战略目标和供应链战略的意图。比如，一个成本战略驱动的企业，从供应链组织上应该体现有专门的部门或角色督导和管理供应链总成本及相关指标。有的企业会设置供应链优化部门或财务供应链。

第四，聚焦于企业需要的能力，而不是已有的能力。组织在设计上要具有前瞻性，应基于流程再造的未来蓝图搭建。基于未来蓝图搭建的组织，需要弥补组织在现有能力上的不足，而不是在现有能力上"依葫芦画瓢"。比如前文提到的整合计划体系的搭建，是为了从供应链层面完成端到端信息流的打通。

第五，角色定位。第 5 章在阐述企业核心战略落地到供应链战略时有一个非常清晰的逻辑，即供应链战略的目标是完全承接运营层面的战略目标；第 6 章介绍通过过程管理驱动经营业绩提升，也提到企业经营的两大抓手。这些都从逻辑支撑了供应链必须作为企业经营最核心的部分。

在中国大部分企业，董事长和首席执行官一般会由"1号位"一肩挑。在这种情况下，企业应该确定一名首席运营官或首席供应链官负责企业的运营管理工作。如果董事长和首席执行官由不同的人员担任，一般情况下，首席执行官主要管理企业的运营，而供应链副总裁（或供应链总监）将主要负责业务管理工作。在这种情况下，首席执行官需要深度参与供应链管理的战略设计。同时，许多企业对供应链存在认知误区，认为供应链就是物流或仓储；在组织内部定位上，往往将物流部门定义为供应链部门。我认为，物流部门只能被定义为供应链成本和服务的部分贡献者，更多地处于配合销售或市场部门完成订单履行的位置，属于供应链部门的二级部门。

供应链人才建设

推动企业发展的永远是人，而不是技术。供应链组织在完成了流程再造和组织架构搭建以后，需要的是符合组织未来能力需求的人才。我们通过苹果现任首席执行官库克来看看，一位"供应链宗师"为企业带来的价值。众所周知，乔布斯是一个产品天才，他一手缔造了苹果公司，把苹果公司的产品带到了前所未有的高度。库克于 1998 年加入苹果公司，在此之前有长达 12 年的在 IBM 的工作经验，他在 IBM 的 12 年正是 IBM 实践流程再造的关键时期。进入苹果公司以后，库克按照自己的想法大幅度改革苹果公司的供应链。一些公开资料显示，他将苹果公司全球的 19 家仓库"砍"到 9 家，将库存周转天数从接近 1 个月缩减到 6 天。当时乔布斯对库克的评价是："他钟情于降低库存。"2011 年，乔布斯去世，库克接任首席执行官。当时，资本市场普遍不看好这个做供应链业务的"家伙"。但是事实证明，库克执掌苹果公司无疑是成功的。虽然苹果公司在产品创新上饱受诟病，但是从经营业绩来看，公司的销售收入翻了 3 倍，股东平均年回报率为 22%，账面现金超过 2000 亿美元。可以说，乔布斯创造了伟大的产品，库克则成就了伟大的企业。因此对企业来说，拥有一流的供应链人才无疑可以给企业带来巨大的收益。《每日商业新闻》在一篇文章中提到一个优秀的首席运营官或首席供应链官的标准：①优秀的沟通者和领导者；②具备组织和分析技能；③业务能力扎实和有财务敏锐性的战略思想家。美国密歇根州立大学的唐纳德教授在其研究中总结了优秀首席供应链官的特征：①有跨职能的丰富经验；②懂技术（供应链技术和数字技术）；③具备很强的领导力；④有全球化管理的经验；⑤信誉良好。

在企业里面，供应链部门往往不是最庞大和最显眼的，但是它默默无闻地驱动着企业以符合核心竞争力的方式运转。当前企业对供应链人才的建设充满了挑战。第一，社会培养体系还不健全。2017 年，我国本科院校开始开设供应链管理专业并实现招生，这是国家层面开始重视供应链的一个信号。但是从企业对供应链人才需求的画像来看，专业课程的设置确实有待商榷。首先，供应链管理是一个对实践要求非常高的学科。一般在基础教育层面，各院校需要着重培养学生在运筹学和工业工程方向的底层能力。企业在供应链的流程再造、数字化、网络优化和设计方面都需要运用这些底层能力。其次，成为高级供应链人才既需要在实践中锻炼，也需要进行系统商业知识的学习。在继续教育层面，部分学院的教学里很少对供应链管理实践与理论知识进行系统传授。第二，企业缺乏正确的人才观导向。企业的人才一般由两种途径获得：内部培养和外部引进。优秀的企业通常把两种方式结合得很好，一方面通过搭建人才培养体系，发展人才和储备应有的知识技能；另一方面从外部引入战略性人才，提升组织的战略高度和运营效率。"理想很美好，现实很骨感"，部分企业面临的人才问题是严重的。一方面，内部人才迟迟培养不出来，组织内部出现青黄不接的现象。企业重视操作性，培养出来的人才往往单一技能突出，但是缺乏战略思考能力或领导力。沿着"一条线"成长起来的高管，其最大的问题就是思维的惯性化和僵化，越接近核心管理岗位，这种缺陷就越会给企业的发展带来障碍。同时，企业需要非常清楚的是，构建人才培养体系是最重要的投资项目之一，需要给予足够的关注度和耐心。另一方面，高薪聘请的人才存活率较低，据非正式统计，民营企业在引进"空降"高管的过程中，失败率基本上超过 80%。前惠普大中华区总裁孙振耀在一篇文章中提到过这个现象。有一次他跟国内一家有名的互联网巨头公司的创始人聊天，创始人问他："我支付了很高的年薪，这些人的背景也十分'豪华'，为什么我交付给他们的任务，他们好像都没听懂，做出来的东西跟我的期望相去甚远，这几年引进的高管七七八八都离开了，公司的业务停滞不前，到底是什么原因？"孙振耀回答："你在外地看中了一棵名贵的树，花重金将它移植到你家后院，然后什么都不做，你就期待这棵树长得跟在外地一样茂盛，这可能吗？"这段对话能够充分反映部分企业的现状，对从外部引入的人才的正确预期和正确辅导是十分重要的。如果一个企业不断有高管进进出出，问题多半出在企业"1 号位"身上。

另外需要补充的是，在数字化时代，企业在供应链初级人才的"选育用留"上有一些注意事项。数字化时代，供应链的功能不仅是物流、仓储或采购管理，企业需要在必要时增大供应链功能作为组织成功的关键推动因素的权重，将供应链重新定位为对数字化专业人员有吸引力的职业选择，招聘具有适当能力的供应链初级人才。面对"00后"毕业生，为了确保他们获得在供应链业务中茁壮成长所需的数字和业务规划技能，企业可以为其设计量身定制的课程。随着在任期内不断进步，企业应鼓励他们与外部机构接触，保持新鲜感和成长的动力。这是新形势对企业的新要求。

绩效体系搭建与战略目标分解

在组织的搭建上，我认为组织架构是框架，适配的人才是基础，而绩效体系是驱动组织高效运转的动力。绩效体系和工具一直是企业最感兴趣的话题之一，通常企业的逻辑是，业绩不好是因为组织缺乏活力，而组织缺乏活力主要是因为绩效体系出了问题。在展开论述如何搭建绩效体系之前，我们有必要讨论一下常见的绩效认知误区。

绩效认知误区

高估绩效工具的作用

在理论层面，常见的绩效工具有 KPI、OKR、KSF3 种。KPI 是 Key Performance Indicator 的缩写，对应关键绩效指标考核法，是企业通过对影响经营的关键绩效指标的考核驱动组织达到经营目的的过程。KSF 是 Key Success Factor 的缩写，是指企业通过考核关键成功因子达到经营目的的过程。OKR 是 Objectives and Key Results 的缩写，对应目标与关键成果法，是一套明确和跟踪目标及其达成情况的管理工具和方法，由英特尔公司创始人安迪·葛洛夫发明，广泛运用于硅谷的互联网企业。在实践层面，目前市场上企业学习的主流是海尔的"人单合一"和"阿米巴"经营模式。

对于这些工具孰优孰劣，个人几乎没有什么能力去评估。但是大量的实证案例可以说明，仅仅通过绩效工具的引入来实现长期经营业绩的提升，这个逻辑不能成立。我们从几个方面来说明。第一，3种绩效工具的本质还是考核。不管是KPI、KSF还是OKR，本质都是考核，区别只是在选择考核目标或项目上有了不同程度的优化和进步。比如OKR，更加适用于创新型企业——对于成长目标无法预估，抓好关键的成果是成功的关键。而KSF，只是在原有KPI体系的目标选择上更强调激励和平衡。第二，成功的企业的绩效工具各有不同。美国大量的500强公司当前采用的是KSF和KPI结合的方式，几乎不会在绩效考核体系上做重大调整。2016年，《哈佛商业评论》发表了一篇题为"绩效管理革命"的文章，其作者为彼得·卡佩利，他是沃顿商学院的管理学教授。经过大量的调研，他发现超过1/3的美国公司正在取消年度考核，代之以管理者和员工间更频繁、非正式的反馈沟通。国内优秀企业的做法也是"百花齐放"，如华为基于平衡计分卡建立了KPI考核体系，海尔和美的是严格的KPI驱动。第三，绩效工具只是企业管理的"术"。对于企业经营的逻辑，战略是企业的"大脑"，流程是"脉络"，组织是"躯干和四肢"，绩效工具只能是劳动的工具。工具也许能提高效率，但不是决定性的。因此，企业不应该举全力去研究工具和概念，而应该更多地关注绩效体系是否取得承接战略和激励组织的效果。

缺乏过程管理的结果导向

我们通常会听到领导说一句话："我不关注过程，我只要结果。"这句话反映了完全以结果为导向的短期利益思想。我认为，结果很重要，但是过程同样重要。要求组织的管理者关注过程的本意并不是要他们忽略结果，而是在持续关注的过程中及时给组织和个人赋能。举个例子，某事业部的考核指标是利润贡献率，对企业经营者来说，他只有在月末或年末才能完整地看到这个指标，而出现结果偏差后再采取措施往往已经晚了。如果企业在过程中把利润指标分解为过程指标，并通过有效沟通及时给予团队资源支持和纠偏，结果便会变得可控。这与战略供应链思维中的"通过过程管理驱动经营业绩提升"是一致的。

与战略脱节

企业管理领域有句话："不是你想要什么就能得到什么，而是你考核什么才能得到什么。"这句话实际上反映了当前企业的尴尬局面。企业经营者想要的结果没有出现，会抱怨员工在执行力上出了问题；员工会抱怨领导高高在上，不了解实际情况。前文提到执行力是一个伪命题，员工在执行力上出了问题，本质是战略的落地出了问题。一方面，流程需要支撑战略落地；另一方面，组织中的"人"关注的是跟他切身利益相关的问题——绩效，如果战略不能完全投射到绩效上，就一定会出现南辕北辙的问题。

缺乏科学标杆管理

我们在前文花了大量的篇幅讨论根据企业战略确定指标和目标的方法论。而实际情况是，鲜有企业在标杆管理上认真研究。部分企业在制定目标时是激进的，要不就是全面对标行业龙头，要不就是提出一个遥不可及的目标，在连续失败以后，团队士气大大受挫；为了鼓舞士气，又把目标调整到一个较低的水平。在这种情况下，即使团队拿到了相应的激励，企业又得到了什么？业绩和感激？可能一样也没有得到。因此，科学地、认真地做好标杆管理是企业的一项重要工作。

责任人错位

有不少企业认为绩效管理是人事部门的事情，而人事部门也乐此不疲地从事着这项工作。从逻辑上看，绩效是战略的完全投射，绩效管理这项工作应该由谁来抓不言而喻。大量的案例表明，企业或部门的"1号位"应是组织绩效管理的第一负责人，人事部门只能扮演业务伙伴的角色，支持和监督绩效体系的运行。我认为，企业或部门"1号位"对于战略制定和落地负有不可替代的责任。

过度负面激励或过度物质激励

过度负面激励或过度物质激励在企业中时有发生。有一类企业经营者非常关注人力资源成本，认为总的人工费用不能被突破，有正面激励就应有负面激励。由此引发的问题是，一个得到一次负面激励的团队，会连续多次得到负面激励（不是不努力，而是改进需要时间）；对比之下，一个得到正面激励的团队可以不费吹灰之力地连续得到正面激励。这种激励方法对团队的伤害非常大。另外，物质激励对团队无疑作用巨大，但是过度物质激励会导致团队过于关注短期目标而忽视长期效益。同时，团队在面对企业业绩起伏的时候，没有物质激励的负面效应会显现得非常明显。我们通常认为，对于初创项目或团队，物质激励的比重要远远大于精神激励；对于成熟企业，在使用物质激励的时候需要更多地考虑平衡。

绩效体系搭建

绩效体系的重要性在于它能够承接战略目标，并通过过程管理增强组织的战略向心力，从而使组织达成经营目标和战略目标。我们在检验绩效体系是否有效的时候，通常采用的标准有4个。第一，是否能够完全承接战略目标。第二，不同层级之间的逻辑关系是否清晰。第三，是否兼顾过程管理和结果并体现在不同的层级中。第四，是否高度可视化。

我们先来看从战略目标到绩效体系的分解模型（见图7-8），这个模型能够充分体现企业对绩效体系有效性的要求。关于这个模型，我要说明几点，希望可以帮助大家理解。第一，目标的分解必须严格遵循自上而下的逻辑。这个逻辑说起来很简单，其实在实际操作中，到了二级部门以下很可能就会变成自下而上。我们通常看到，将年度经营目标分解到一级部门时，战略指标基本能够承接。但是也经常会出现在原有分解指标的基础上，一级部门负责人要求增加其他指标的情况，理由是指标考核的内容不全面。然后，大家讨论了一通，最后还是决定加上几个指标。这种情况随着指标体系的逐级分解愈演愈烈，最后出现的情况就是承接关键战略的指标被淹没在汪洋大海里。这种情况必然会导致组织底层的不规则运动，导致战略向心力的丧失。我在此强调，企业需要始终聚焦，在指标分解上要严格遵循自上而下的分解路径。第二，目标分解是从结果向过程下沉。如果战略目标和年度经营目标是完全结果指标，那么随着指标被逐层分解到一级部门及以下，过程指标的比重会越来越大（见图7-9）。第三，部门之间的指标互相影响。这是一个非常正常的现象，组织内部的各部门相互依存是创造跨部门对话的基础，通过指标分解形成"你中有我，我中有你"的情况有利于部门之间展开合作。这种情况越明显，部门之间的合作诉求往往就越高。比如，销售部门的业绩目标达成会严重影响供应链部门的一系列指标，反之亦然。两个部门的负责人会充分意识到，唯有配合才能达到共生，互相扯皮最后只会两败俱伤。第四，共享与共识。指标的运行情况需要在组织内及时共享，这离不开企业经营者和部门负责人的关切。在共享的基础上进行横向和纵向的对话，能够帮助组织高效地、动态地达成各项共识。

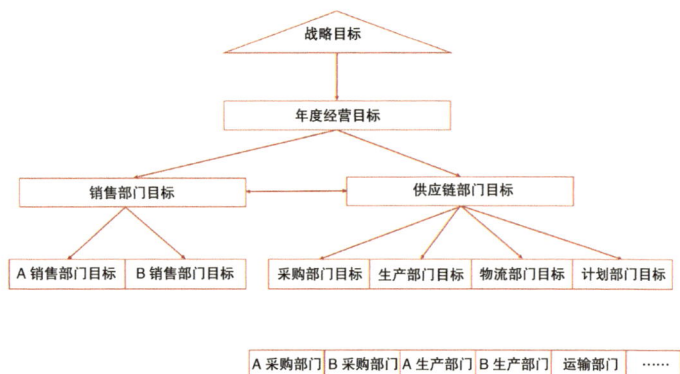

图 7-8　从战略目标到绩效体系的分解模型

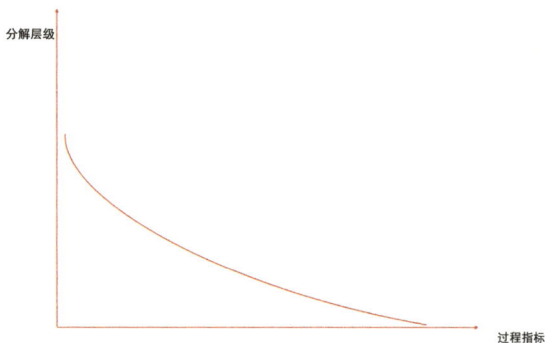

图 7-9　过程指标和分解层级的关系

　　对于供应链及供应链部门，《供应链物流管理》一书还引荐了一个指标有效性反向验证模型（见图 7-10）。这个模型认为，从供应链运营的角度，需要从 3 个方面去衡量整体指标是否有效。第一个方面，是否兼顾速度和效率。作者认为供应链运营要兼顾成本和服务，这在指标中都需要有所体现。第二个方面，是否兼顾过程监控和结果诊断，也就是是否能够考虑过程指标和结果指标的结合。第三个方面，是否兼顾战略和运作，意指考核指标是否达到战略和运作的融合。这个反向验证模型的整体思路与前文提出的分解模型的要义是高度吻合的。前文提到的 SCOR 模型，也非常具体地按照 3 个层级进行了供应链指标的分解。它们的思路是大体一致的，在此不做赘述。

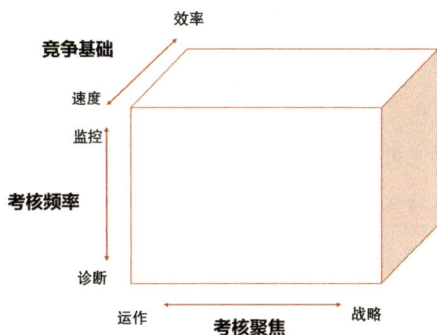

图 7-10　指标有效性反向验证模型

下面我们结合一个案例来系统地说明如何把公司的核心战略目标进行分解，并形成各层级指标。

第一步，确定 A 公司的基本竞争力选择是成本战略。

第二步，A 公司根据成本战略讨论并搭建了战略目标框架（见表 7-1）。表中的数据均为模拟数据，但是在制定目标的基本假设中，我们确定 A 公司对资本回报和利润的诉求是比较强烈的，在运营层面我们针对公司最重要的总成本采取了比较激进的对标方法，对其他指标则相对弱化了其进步性。

表7-1　A公司战略目标框架

价值	指标	目标		
		2022 年	2023 年	2024 年
财务层面	运用资本回报率	15%	18%	20%
	息税前利润（或销售收入）	10%	12%	15%
运营层面	库存周转率	5%	5%	5%
	供应链总成本率	70%	68%	66%
	订单完美率	92%	92%	92%
员工层面	员工满意（敬业）度	95%	96%	97%

第三步，A公司2022年的年度经营指标将直接在战略目标中取对应年份的目标（见表7-2）。

表7-2　A公司2022年经营指标

价值	指标	2022 年度目标
财务层面	运用资本回报率	15%
	息税前利润（或销售收入）	10%
运营层面	库存周转率	5%
	供应链总成本率	70%
	订单完美率	92%
员工层面	员工满意（敬业）度	95%

第四步，从公司级经营目标开始进行第一层分解（见图7-11）。我们以两个运营部门作为样本，利润指标直接由销售部门或事业部承接，而供应链部门则承接运营层面的全部指标。员工满意（敬业）度这一指标的第一责任人毫无疑问也是业务部门负责人，人事部门只是作为辅助和推动的角色。到了这里，往往企业内部已经开始产生严重的分歧。分歧主要来自两方面：

一方面，部门负责人也是企业高管，是否需要承接企业财务经营指标？另一方面，很多部门负责人认为，"我只能对自己可以控制的部分负责任"，比如事业部或销售部门会认为自己只能对销量负责。对于这两个问题，我们结合起来分析。首先，作为部门负责人和企业高管，他不仅要对自己的部门负责。还要对自己能影响的部分负责。之前我们探讨的 RACI 模型就比较清楚地呈现了管理者在组织里的不同角色。比如，一个事业部对供应链成本的影响是非常直接的，我们就需要通过利润指标去牵引负责人更多地关注成本，与供应链部门展开合作。而供应链部门对销售的影响也非常直接，因此我们需要通过订单履行情况和总成本率去引导负责人更多地关注市场和客户。其次，对于超出负责人控制和影响的部分，确实不应该再进行考核。比如对供应链负责人考核企业利润指标，一来存在重复，二来确实没有任何必要。再次，采用息税前利润而不是净利润作为考核指标的用意是去除折旧、利息和税务的影响。这样企业费用主要集中在销售费用和一般管理费用上，而销售费用是决定性的。对事业部或销售部门来说，销售费用一般主要包含市场、渠道和物流费用三大部分。这三大部分是高管需要控制或影响的。

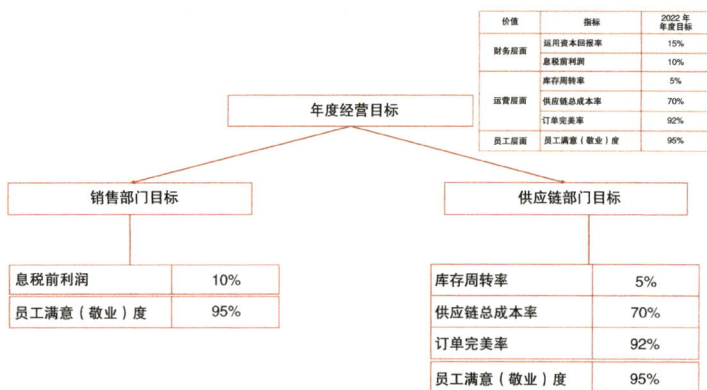

价值	指标	2022年年度目标
财务层面	运用资本回报率	15%
	息税前利润	10%
运营层面	库存周转率	5%
	供应链总成本率	70%
	订单完美率	92%
员工层面	员工满意（敬业）度	95%

年度经营目标

销售部门目标

息税前利润	10%
员工满意（敬业）度	95%

供应链部门目标

库存周转率	5%
供应链总成本率	70%
订单完美率	92%
员工满意（敬业）度	95%

图 7-11 公司经营目标第一层分解

第五步，从一级管理部门分解到二级管理部门（见图 7-12）。在从一级管理部门向二级管理部门分解的时候，企业遇到的问题往往是这一步与第四步有很多类似的地方。但是我们依然认为，还是需要严格地执行分解动作而不能无故增加其他"合理"的过程指标。一个二级管理部门负责人，往往是"承上启下"的关键人物，会有很多来自运营层面的看法和想法。采用这种分解方法的本意是：第一，作为中高级管理者，不需要承接公司的经营性财务指标，但是需要对自己能够控制和影响的部分负责；第二，聚焦于公司在战略层面需要的，而不是自己认为重要的。企业出现"战略与运营'两张皮'"，往往就是因为在这个层面出了问题。我们之前提到，"不是你想要什么就能得到什么，而是你考核什么才能得到什么。"试想一下，一个部门负责人有 7 项考核指标，其中只有一项与战略目标分解有直接关系，作为个人的他会关注什么？第三，通过过程指标控制达到目的是部门负责人应该拥有的能力和职责。所以，具体的措施需要配合过程指标在下一步被分解到操作部门。

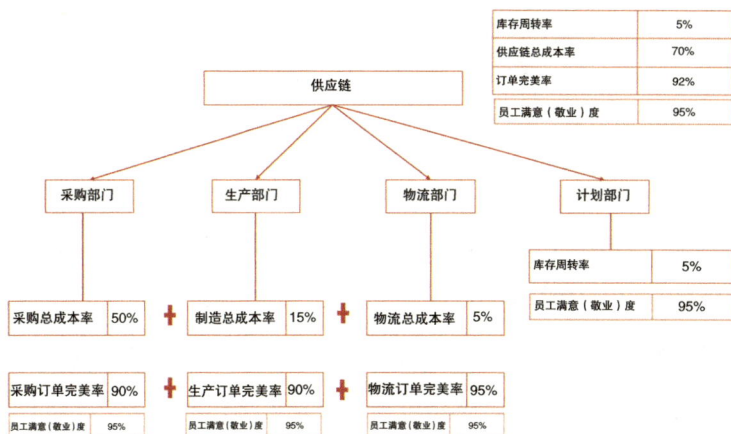

库存周转率	5%
供应链总成本率	70%
订单完美率	92%
员工满意（敬业）度	95%

供应链

采购部门　　生产部门　　物流部门　　计划部门

库存周转率	5%
员工满意（敬业）度	95%

采购总成本率	50%	+	制造总成本率	15%	+	物流总成本率	5%

采购订单完美率	90%	+	生产订单完美率	90%	+	物流订单完美率	95%
员工满意（敬业）度	95%		员工满意（敬业）度	95%		员工满意（敬业）度	95%

图 7-12　指标从一级管理部门分解到二级管理部门

第六步，从二级管理部门分解到操作部门。这是战略目标落地的关键一步，通常需要一级管理部门负责人与二级管理部门负责人一起讨论如何把更多的结果指标转化为过程指标，也涉及很多指标的换算。这个转变是至关重要的，因为基层管理人员或操作团队需要目标简单、直接地导向过程，不能在操作层面再去做任何复杂的计算。比如物流订单完美率要拆分成几种操作性指标，如运输及时准确率、仓储拣货及时准确率、运输破损率等。对成本战略驱动的 A 企业来说，与成本相关的目标需要相对激进一些，而其他方面需要以引导和激励为主。这是战略供应链思维的体现。

我们谈完了战略目标沿着各管理层级的分解，也就基本完成了对绩效体系的搭建。通过这样的分解，我希望大家能够看到管理的一些"端倪"。第一，以基本竞争力选择为导向，指导战略目标框架的搭建和目标的制定，这是一个选择和达成共识的过程。第二，对于年度经营目标，直接从战略目标中取对应年份的目标，不要再就目标进行任何无谓的讨论。第三，从企业高层到一级管理部门及以下的过程，始终强调的是严格遵循战略选择和聚焦战略目标。各层次负责人的关注点非常清楚，不会出现"神仙打架"的情况。第四，没有单独列出战略举措的原因是，企业经常把战略举措当成年度重点工作。如果先总结重点工作，再将其分解到各层级负责人，各层级负责人会被几头牵动、分不清方向。简单的理解就是，战略举措主要是为了达成3~5年战略目标而制定的，与当年的经营关系不大，适合由战略管理部配合"1号位"去抓。与实现当前经营目标相关的举措或重点工作，完全应该由各层级负责人围绕各自的分解目标自行制定并执行。

评价及激励机制

评价及激励机制是一套完整的体系，市面上可供参考和学习的模式也比较多。我不会对现有的体系做分析和推荐，而是针对上述绩效体系，从评价周期及激励方式上做一些补充论述。

第一，评价周期。我认为，随着层级的下沉，评价周期需要逐渐缩短（见图7-13）。对年度经营目标的评价，一定是按照年度进行的；而到了一级管理部门，强调的更多是如何纵向管理和横向影响，不与公司年度经营目标挂钩，所以我建议采用季度评价的方式。纵向管理的时效性很强，横向影响需要一定的时间来体现效果。对于二级管理部门及以下，所有的评价都需要及时体现，一般按照月度进行。市面上经常推荐采用组合方式，比如季度和年度结合、月度与季度结合等。我不建议采用这种方法，主要原因有两个。①存在重复考核。我们应该看到，针对一个级别，用一个周期评价完全可以达到效果。②存在大量计算和沟通工作。人事部门和业务部门为了计算工资和沟通解释，花费大量的人力和物力，这不仅是无效的，而且是"负效"的。

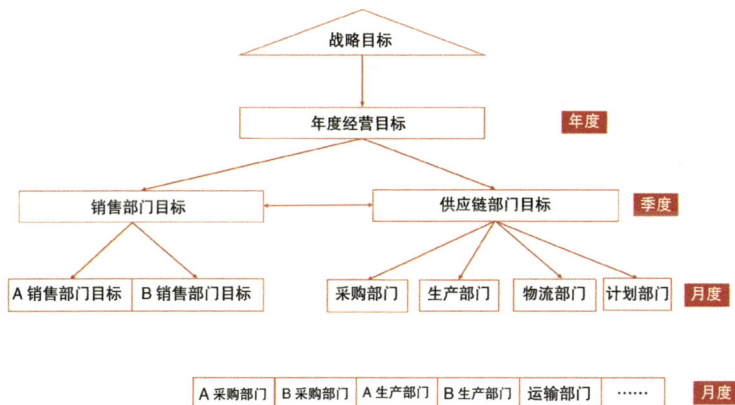

图 7-13　评价周期

第二，激励方式。当前企业面临的人员管理复杂度已经与之前不能同日而语。一方面，人员队伍的年轻化对激励方式提出了新的要求。比如，"90后""00后"通常更注重是否得到关怀和认可，是否符合自己的"调性"，需要正向激励。施加高压和进行负面激励的企业很难留住人才。另一方面，社会生活成本的增加对管理人员提出了挑战。一起打江山且不计回报的日子难以再出现，而连年的工资上涨和奖金分红一样都不能少。这是社会发展的必然，也不应该成为管理人员抱怨的理由。管理人员的心里都有一本账，都在算着机会成本。企业经营者如果看不到这一点，可能会吃大亏。比如，一个持续得到负面激励的管理人员，其通常的做法就是离职抑或消极怠工。因此，在当今情况下，正向激励是激励的主旋律。员工从保护自身权益的角度出发，有很多种方法拒绝负面激励，企业不应该在负面激励的道路上越走越远。真正把创造员工价值作为出发点，企业才能收获股东价值。

本章介绍了基于战略落地和流程匹配的组织设计及相应的绩效体系，通过从战略目标到绩效体系的分解模型，把战略目标分解到各级组织。从逻辑上看，自上而下地分解一直坚持的是聚焦原则。至此，我们整体完成了企业内部的完整体系搭建，战略—流程—组织的闭环已经形成。回顾战略供应链思维的理念，我们完成了"聚焦"和"内部整合"的工作。从第 8 章开始，我们将从战略合作的角度去突破企业的边界，寻找价值机会。

第
8
章

生态圈战略合作推动

突破边界进行跨组织的战略合作，能让企业在竞争中发挥出最大的能力。前文提到战略供应链思维的核心思想是"取舍和动态平衡"，这在跨组织的合作中会有充分的体现；将战略供应链思维转化为理念，即"通过战略合作为伙伴创造价值""通过整合为客户创造价值"等，都需要企业突破边界，拓宽视野，站在端到端价值链的角度去审视价值创造的过程。本章将围绕什么是战略合作、为什么要推动战略合作及如何推动战略合作3个基本方面详细阐述，并引用中外成功企业的案例，力争帮助企业找到理论和实践的支持。

什么是战略合作

"合作"这个词大家并不陌生，企业也难免要与上下游的供应商或客户进行合作。合作的本质是为了利益，企业与供应商合作的诉求是能够用最低的价格获得生产或经营的要素，与客户合作的诉求是能够实现产品的变现。因此，我们可以用一个很通俗的词来形容企业之间合作的诉求，那就是"利益"。为了利益而合作本无可厚非，但是为什么要研究合作并推动合作升级，这是我们需要思考的问题。

合作的类型

根据科恩和罗塞尔的观点，我们可以把企业之间供应链的合作分为 4 种类型（见表 8-1），即交易型、协作型、协调型、协同型。由于翻译的关系，从中文中比较难以区分几种合作的类型，因此我们有必要再做一些具体说明。首先是交易型合作，大家都比较容易理解，就是单纯的买卖关系。比如企业从供应商处一次性采购某原材料，与经销商签订一次出货合同等。其次是协作型合作，通常是企业单向提供相关信息用于承诺和确认。比如企业将年度采购计划及分批交货订单提交给供应商，企业通过数据传输的方式向客户呈现订单交付状态等。然后是协调型合作，通常是指合作企业双方或多方采用数据双向交付的方式，分享并执行计划。我们看到的供应商管理库存的模式就属于这种类型的合作，这种类型的合作对信息化水平的构建要求较高。最后是协同型合作，这种合作模式通常被认为是战略联盟。合作双方除了在供应链运营方面有合作，还涉及知识产权、产品开发及其他重要领域的合作。

表 8-1　供应链合作的 4 种类型

交易型 以合作伙伴之间最有效率、最有效益地执行交易为目的	协作型 具有较高的信息共享水平。单向提供相关信息用于承诺和确认，并共享相关预测、库存可用性、采购信息、订单与交付状态等信息
协调型 战略性合作。伙伴间双向流动需要沟通的信息，紧密地协调流程的计划和执行	协同型 战略联盟。超越供应链运营合作本身，包含了其他关键业务流程

这 4 种合作类型对企业而言不是单选题，更可能是多选题。我们用经典的卡拉杰克模型（见图 8-1）来说明。卡拉杰克于 1983 年在《哈佛商业评论》发表了《采购必须纳入供应管理》，文中提到了这个模型，该模型被广泛运用于公司采购组合的分析。卡拉杰克认为，公司采购的物料或服务分为 4 种类型。第一种是杠杆型项目，这种类型就是可选供应商较多，替换供应商较为容易。买方主动，相互依赖性一般。第二种是战略型项目，就是对买方的产品或生产流程至关重要的采购项目。这些

项目往往由于供给稀缺或运输困难而具有较高的供应风险。其战略项目价值比例高、产品要求高，同时又只能靠个别供应商供应。买卖双方力量均衡，相互依赖性较高。第三种是通用型项目，就是指供给丰富、采购容易、财务影响较低的采购项目，具有标准化的产品质量标准。第四种是瓶颈型项目，就是指只能由某一特定供应商提供、运输不便、财务影响较低的采购项目。卖方主动，相互依赖性一般。

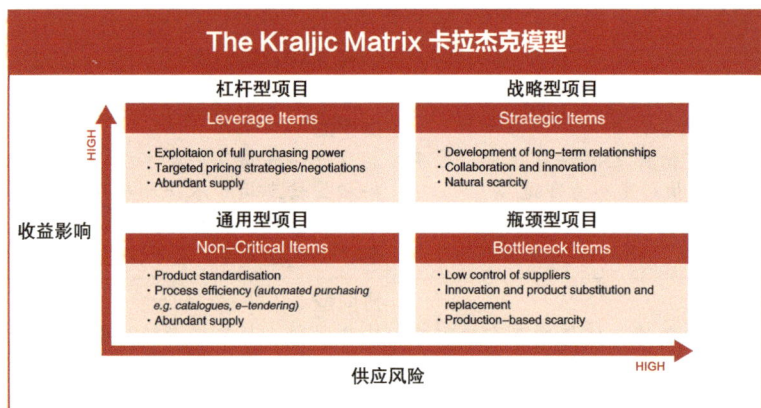

The Kraljic Matrix 卡拉杰克模型

杠杆型项目	战略型项目
Leverage Items	**Strategic Items**
· Exploitaion of full purchasing power · Targeted pricing strategies/negotiations · Abundant supply	· Development of long-term relationships · Collaboration and innovation · Natural scarcity
通用型项目	瓶颈型项目
Non-Critical Items	**Bottleneck Items**
· Product standardisation · Process efficiency (automated purchasing e.g. catalogues, e-tendering) · Abundant supply	· Low control of suppliers · Innovation and product substitution and replacement · Production-based scarcity

收益影响 HIGH　供应风险 HIGH

图 8-1　卡拉杰克模型

结合卡拉杰克模型和前文提到的合作类型，我们通常认为，对于战略型项目和瓶颈型项目应该建立协同型合作，也就是战略联盟；对于通用型项目应采用协作型（单向）或交易型合作；而对于杠杆型项目，通常企业在选择合作类型的时候相对比较模糊，有的认为应该采用协作型（单向）或交易型合作，有的则认为应该运用协调型（双向）合作。在此，我强调一个普遍适用的原则，杠杆型项目通常是企业采购里花销非常大的一部

战略供应链·体系设计与运营管理

分，涉及的供应链环节较多且复杂，单纯从采购的利益计算看到的可能只是"冰山"一角，涉及的供应商引入和退出的隐性成本比较高。我们建议更多的企业采用协调型（双向）合作，即在双方的合作中建立信息共享机制，寻求大计划体系的落地，跳出单纯的单价竞争而从端到端流程的优化中寻求共同优化成本的机会，从而实现共赢。

战略合作的定义和发展

此处所说的战略合作，是指企业双方或多方为了自身的生存、发展和未来而进行的长远性、整体性、基本性的谋划，并在合作期间实现共赢的一种合作方式。这里需要强调几个关于战略合作的特征。第一，战略合作是长远性的谋划。这种合作至少涵盖一个战略周期（至少3年，不同企业的战略周期不同）。同时合作的着眼点应该立足于整个周期，而不是短期利益。第二，战略合作是整体性的谋划。也就是说，围绕企业核心战略制定的战略举措应该包含于战略合作，属于企业整体战略的一部分。同时，战略合作对双方或多方的整体合作方案有系统的、全面的谋划。第三，战略合作是基本性的双（多）赢的谋划。合作双方或多方应该清楚地围绕基本商业利益去设计合作模式，最终实现在一个长周期内的双（多）赢。第四，战略合作需要由"1号位"亲自设计并主抓。管理战略是"1号位"的职责，战略合作也应该由"1号位"亲自管理。第五，战略合作的本质是取舍和动态平衡。战略合作要求双方或多方能够清楚地理解自己和对方的战略诉求，在战略周期内用短期利益诉求去换取战略利益诉求，延长周期去解决短期利益冲突。同时，对于战略合作的过程，企业需要进行动态的、积极的管理和平衡。我提出"通过战略合作为伙伴创造价值"的本意也在于此。

战略合作的范围很广，从上游的客户到下游的供应商，甚至员工、竞争对手都可以是合作的对象。第一，与客户合作。我们通常认为，与客户的战略合作的关注点主要是：①通过双方整合衔接流程、寻求效率提升空间；②研究面向市场的共同机会。这两方面的战略合作能够切实提升客户的黏性及自身的战略地位。第二，与供应商合作。与供应商的战略合作可以提升双方在效率提升、风险共担等方面的能力，这种战略合作往往是最常见，也最容易成功的。第三，与员工合作。对于有突出能力的内部员工或团队，与之共享、共创能够创造出独立于原有组织的更有效的商业模式，可推动组织活化和形成"命运共同体"。第四，与竞争对手合作。在特殊市场和特殊时期，与竞争对手的战略合作能够取得重复投资减少及市场战略增效的显著效果。

对于战略合作的发展，西方的研究和实践已经持续了至少20年以上。20世纪80年代，迈克尔·波特提出著名的波特五力模型，这个理论模型被沿用至今。但是到了20世纪90年代末，随着商业的不断演化，企业在实践中发现单纯的竞争带来的负面效应不断显现。此时，理论界相继提出"竞争合作"的理念。一方面，过度强调竞争，势必导致更多零和博弈的出现。另一方面，随着全球化的发展，欧美企业在广阔的外部市场上需要更多的战略协同以开拓市场而不是在封闭市场中充分竞争。

竞争合作理论的代表人物是耶鲁大学的管理学教授拜瑞·内勒巴夫和哈佛大学的企业管理学教授亚当·布兰登勃格，他们的代表作是 1996 年合著出版的《合作竞争》。他们认为，企业经营活动是一种特殊的博弈，也是一种可以实现双赢的非零和博弈。在企业经营环境下，要以博弈思想分析各种商业互动关系，要与商业博弈的所有参与者建立起公平合理的合作竞争关系。其思维的逻辑是，首先将商业博弈绘制成一幅可视化的图——价值链，利用价值链定义所有的参与者，分析自身与竞争者、供应商、客户和互补者的互动型关系，寻找合作与竞争的机会。在此基础上，改变构成商业博弈的 PARTS（参与者，Participators；附加值，Added values；规则，Rules；战术，Tactics；范围，Scope）中的任何一个要素，形成多个不同的博弈活动，以保证"PARTS 不会失去任何机会""不断产生新战略"，并分析和比较各种博弈结果，确定适应商业环境的合作竞争战略。通过实施战略，最终实现增加商业机会和共同发展的战略目标。其基本步骤是：①绘制价值链；②确定所有商业博弈的参与者的竞争合作关系；③实施 PARTS 战略来改变博弈；④分析和比较各种博弈结果；⑤确定合作竞争战略；⑥增加商业机会、实现共赢。同一时期，学术界对战略联盟和战略网络的研究也方兴未艾。当时的研究成果认为，战略网络是由多个战略联盟形成的复杂的、多方面的组织结构。网络组织的基本特征是联盟——一个由枢纽引导的松散、灵活的联盟，其关键功能包括联盟自身的发展和管理、财务资源和技术的协调、核心竞争力与战略的定义和管理、与客户关系的发展，以及网络信息资源的管理。基于战略网络的发展，战略联盟从 2010 年开始随着互联网的发展进一步扩展到生态平台。

回顾供应链的定义和 SCOR 模型的第一层，我们应该非常清楚地认识到今天谈到的供应链应该是战略网络的概念（见图 8-2）。很多人大脑中形成的关于供应链的形状还停留在图示 a，而 SCOR 模型给出的标准定义是图示 b，但我认为最真实或最终极的供应链应该是图示 c。无论你看到或没看到，无论供应链的这些环节是否被管理，供应链都存在，任何一个组织都可以成为众多供应链的一部分。例如，京东可以成为糖果、服装、硬件和许多其他产品供应链的一部分。再如，阿里巴巴可能发现华为是第一条供应链上的客户，是第二条供应链上的合作伙伴，是第三条供应链上的供应商，是第四条供应链上的竞争对手，……这种现象可以解释企业作为供应链的元素所处的网络的性质。还要注意的是，最终客户也被视为供应链的成员之一。

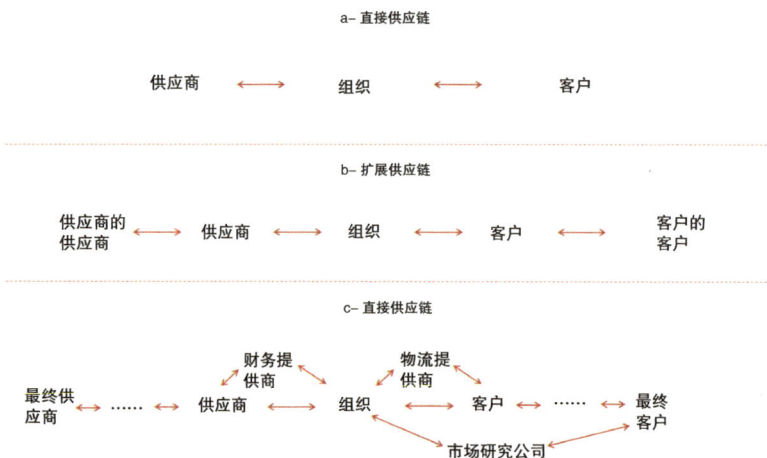

图 8-2　战略网络

在此，我还要赘述一下战略供应链思维，它应该作为一种管理理念与战略合作相结合：①将供应链视为一个整体，并管理从供应商到最终客户的全过程；②企业内部和企业间的运营和战略能力同步并融合为一个统一的整体；③以客户为中心，创造个性化的客户价值来源，从而使客户满意。

为什么要推动战略合作

企业当前的基本痛点

供应链领域有一个经典的"啤酒游戏"（现在又演化为橙汁游戏），是 1960 年麻省理工学院的斯隆商学院开发出来的一种类似于"大富翁"的策略游戏。这个游戏采用角色扮演的方式，模拟供应链各环节中的操作。每次玩这个游戏，第一轮的危机总是一再发生，得到的悲惨结果也几乎一样：下游零售商、中游批发商、上游制造商，起初都严重缺货，后来却严重积货，然而，消费者的需求变动却只有第二周的那一次。第二轮模拟在信息共享的基础上进行，结果却出现了翻天覆地的变化。

1997 年，美国斯坦福大学的李效良等 3 位教授在《斯隆管理杂志》上发表了一篇名为 "供应链的牛鞭效应"的文章，其基本思想是，在供应链上的各节点，企业只根据来自其相邻的下级企业的需求信息进行生产或供应决策时，需求信息的不真实性会沿着供应链逆流而上，产生逐级放大的现象。当信息到达最源头的供应商时，其所获得的需求信息和实际消费市场中的消费者需求信息已出现很大的偏差。由于这种需求放大效应的影响，供应方往往维持着比需求方更高水平的库存或生产准备计划。回归到企业运营中，牛鞭效应（见图 8-3）主要是供应链上的信息失真造成的，它最明显的表象特征是库存和运营成本居高不下且经营性现金流吃紧。我在进行企业访谈的时候，看到很多企业经营者并没有意识到这个问题的存在，只是一味地抱怨需求预测不准确。实际上，这是他们没有看清问题的本质。

牛鞭效应

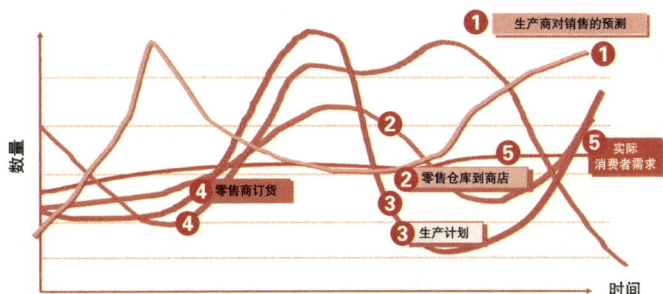

Source: Tom Mc Guffry, Electronic Commerce and Value Chain Management, 1998

图 8-3 牛鞭效应

再回到 SCOR 模型，供应链为什么要扩展到"客户的客户"及"供应商的供应商"？为什么计划要涵盖端到端？这些设计在前文中也有所提及，从企业组织内部扩展到跨组织的最重要的目的之一是解决信息失真的问题。换句话说，要解决企业库存和成本问题，不进行供应链的扩展管理是很难实现的。而扩展的供应链需要企业在供应链的网络中与上下游开展战略合作。

战略合作的意义

跳出运营的框架可以让我们从多方面来审视战略合作对企业发展的深远意义。第一，通过战略合作推动企业进行开放式创新。企业的创新，从来都不是闭门造车。企业创新基本有3条途径：内部研发、来自战略合作伙伴的创意及来自跨行业的创意。而在互联互通的时代，与外部结合的创新的效率更高。第二，通过战略合作提升运营的效率。实现跨组织间的信息、资源共享，充分利用现有的生产要素和资源，优化资源配置和交互环节，有利于企业节省成本，更好地获取规模经济效益。在战略合作中，分工与协作有利于各企业间优势互补，形成更有效的专业化分工，发挥规模效应，使产品整体成本降低，从而使企业实现各自的"低成本"和"专业化"的发展战略，并最终达到"通过整合创造客户价值"的目的。第三，通过战略合作突破市场壁垒。企业不仅可以利用合作伙伴的管理经验和营销渠道，快速进入特定的当地市场，而且可以通过合资、特许经营等方式在地方和他国政府的法规限制下合法经营。比如，可口可乐公司通过与中粮、中萃、太古等当地罐装厂合作，快速进入中国市场，并利用这些战略合作伙伴的地缘优势，加强与地方政府的合作。第四，通过战略合作降低风险。企业通过与战略合作伙伴进行资源和信息共享，共同抵御日益不确定的风险和挑战。企业好比一艘"战斗舰"，而战略合作则能形成一个"航空母舰"战斗群。

企业推动战略合作面临的困难

我在调研中发现，部分企业并没有形成关于战略合作的正确认知，与供应商和客户的合作基本还停留在交易型和协作型，而很多企业号称的"战略合作"，也只不过是换了一个好听的名字，"囚徒困境"的状况仍然存在。我试图从多维度去分析当前企业推动战略合作面临的困难。第一，文化影响。传统文化更重视人情和关系的提携。这种情况在过去的20多年中体现得比较明显，对第一代创业者来说，其通过自身努力并借助相关资源取得了成功。而企业生态链上很大一部分是自己认识或熟知的伙伴，所以许多企业经营者并没有感到有任何紧迫性或必要性去审视企业的生态圈。第二，组织影响。部分企业的组织架构还处于职能型或过渡型的状态，每一个部门都只在自己的职能范围内完成任务，只有企业经营者具备全局化视角。一旦企业经营者过度钻营细节，就丧失了从战略角度去审视企业的外部机会，从而更不可能从战略合作的角度去思考。第三，战略能力。战略网络中的每一个企业既是资源提供者，也是资源获得者，所以企业经营者要从仅仅关注企业内部的机会挖掘，转移到俯视端到端供应链。当前的普遍挑战是，许多企业经营者并没有认识到这一点，导致战略合作缺乏核心驱动力。华为的轮值董事长郭平曾经在接受公开采访时讲过一段话："原来华为的供应商选择，是选全球最好的供应商。现在（华为）要培养和发展那些今天技术能力还不那么强，有机会共同成长的合作伙伴。以前是谁做得最好，我用谁的，现在有些可能没得选了，谁有这个冠军相，（我）就拿出我的能力去帮助他成长，发展别人就是发展自己。"可见，华为这样优秀的公司在推行战略合作时也走过很多弯路，更何况其他的企业。

如何推动战略合作

战略合作成功的三大特征

国际性研究与顾问公司荷士卫的创始人尼尔·瑞克曼在对大量实例进行研究后，提出战略合作成功的三大特征。第一是贡献。贡献是指建立战略合作关系后能够创造的具体有效的成果，即能够增加的实际生产力和价值。贡献是战略合作成功要素中最根本的要素，是成功的战略合作关系可以存在的原因。贡献主要来源于 3 个方面：①减少重复与浪费；②借助彼此的核心能力，并从中受益；③创造新机会。第二是亲密。成功的战略合作关系超越了一般的交易伙伴关系，具有一定的亲密度，这种亲密度在传统的交易模式下是不存在的。要建立这种亲密的关系，企业必须做到 3 点：①相互信任，这是建立战略合作的核心；②信息共享，促使信息和知识快速流动，降低信息收集和交易的成本；③建立有效的合作团队。第三是愿景。愿景是建立战略合作的导向系统，它描绘了合作企业所要共同达成的目标和达成目标的方法。愿景要正确地发挥作用，就必须能评估伙伴的潜能、发展伙伴关系、进行可行性分析等。

战略合作成功的关键要素

在尼尔·瑞克曼的研究基础上，结合对企业的观察和实践，我补充提出了战略合作成功的关键要素。

第一，正确匹配战略。对于战略合作，企业需要将其提到战略的高度去审视和设计，因此战略合作必须与企业的核心战略相匹配。不同行业选择战略合作的诉求点应该有所不同，美国供应链协会对本国样本企业的调查充分显示了不同行业的参考特性（见表8-2）。而根据前文对企业核心战略制定的说明，对于战略合作选择的定位，企业应该主要围绕增强基本竞争力去开展。比如，一个成本战略导向的企业，需要寻求的是通过供应链上的战略合作加强成本优势；而一个创新战略导向的企业，需要寻求的是提升创新效率及快速响应市场。

表8-2　不同行业的参考特性

公司类型	战略竞争优势	战略市场要素	供应链战略设计要素	供应链战略合作关注
能源基础行业	高可靠性	利润能够支持长期可靠的回报	·现代资产利用率 ·高服务水平 ·重复基础设施和能力	·快速反应 ·积极的风险预防 ·高信息透明度
计算机硬件制造	持续创新和新产品	·价格和需求的不稳定 ·不可预期的竞争压力	·高度灵活性 ·快速提产和减产的能力	·快速响应 ·高信任度 ·风险共担 ·快速学习
大宗商品	最低价格	报价直接确定市场份额	·最大效能 ·靠近市场以最大化减少配送成本	高度创新和持续减少浪费

公司类型	战略竞争优势	战略市场要素	供应链战略设计要素	供应链战略合作关注
奢侈品	高品质客户服务	最高的需求来自高度定制化的设计	售前和售后最高质量和增值的服务	·最高技巧 ·最高质量 ·精准，细节导向

第二，打通内部组织的合作。要进行跨组织的合作，组织内部的合作需要充分建立。也就是说，战略合作的前提是已经打通了端到端的流程和基于流程的一体化组织。如果没有这个前提，所谓的战略合作只能流于形式，最终必将走向失败。其本质的原因是由战略合作从理论上带来的优势在一个"部门墙"林立的组织里根本无法体现，组织内部只会在无休止的利益分配和扯皮中丧失对外部合作的敏感度和兴趣。

第三，正确选择合作伙伴，并定制合作模式。选择合适的合作伙伴是一个非常重要的过程，是我们在清楚自身战略诉求的基础上，打开"雷达"扫描并清晰地锁定范围。然后在一定范围内对文化、理念、价值观进行甄别，对意愿度及双方诉求的匹配度逐渐聚焦的过程。在选择了合作伙伴以后，对合作双方或多方来说，比较重要的是集合多方智慧设计定制化的合作方案，因为并没有一个成熟的合作模式可以借鉴。

第四，确保与合作伙伴合作共赢。在战略合作方案设计及运行的过程中，合作双方或多方应该始终秉承"合作共赢"的思想。真正做到这一点并不简单，在很多情况下，方案并不周全和完善，会在实际运行中引发新问题，合作双方或多方应该就此积极展开对话并舍弃部分利益以达成共识。

第五，共享信息。战略合作伙伴要在设计合作框架的过程中，明确信息共享的范围。特别应该注意的是，建立"扩展供应链"的大计划体系需要很多重要信息，比如上下游的实时库存、滚动的销售计划和生产计划，如果相关信息涉及企业敏感的内容，可以采用"脱敏"的处理方式。没有信息共享的合作一定不能创造最大化的价值。

第六，正确设定期望值。首先需要明确的是，战略合作是长期的。因此对于战略合作的期限和最终的结果，合作方需要达成共识，并且在合作期限内明确重要的里程碑及分阶段交付结果。一些失败的案例告诉我们，开始很"激动"、最后没"行动"的合作，通常是合作方在开始前并没有认真地把期望值设定清楚，而在运行过程中发现问题后，在各自的立场上针锋相对，最终导致战略合作的失败。合作方如果在开始前对期望值进行了充分的讨论和设计，在签字前已经进入冷静期，结果将截然不同。

第七，技术支持。信息共享在很大程度上建立在信息技术的基础上，传统的邮件、EDI不能满足战略合作的底层需求。因此，如果要推动战略合作，企业就应该做好数字化改造的准备。

第八，"1号位"主抓。在中国企业的特定文化里，"1号位"对外能够全权代表企业，对内能够推动变革的发生，这个角色是战略合作成功的重要因素，具有不可替代性。

战略合作的策略

核心企业的定义

这里需要引入一个"核心企业"的概念,学术界对核心企业的定义有很多。有的学者认为,核心企业是:产业供应链中居于关键位置的企业,它的存在决定了产业供应链的存在;掌握核心技术的企业,这种核心技术可以是生产制造技术,也可以是管理或信息技术;其生产经营规模或资金规模居于链条上相关企业之首。具备以上条件之一者,都可被看作核心企业。供应链金融中谈到核心企业时,通常就是依据以上标准。我个人认为,马士华教授在供应链的定义中把核心企业表述得比较准确。马士华教授认为:"供应链是围绕核心企业,通过对信息流、物流、资金流的控制,将供应商、制造商、分销商、零售商直到最终用户连成一个整体的功能网链结构模式。"可以理解为,只要围绕一个企业形成了"整体的功能网链结构",那么这个企业就可以被定义为核心企业,与其在网链中是否处于强势地位没有直接关系。

不同模式的核心企业定位及其特征

战略合作的模式取决于核心企业在"扩展供应链"上的影响力及定位。结合先进的理论研究,我认为有 4 种典型的定位与战略合作特征的结合(见图 8-4)。

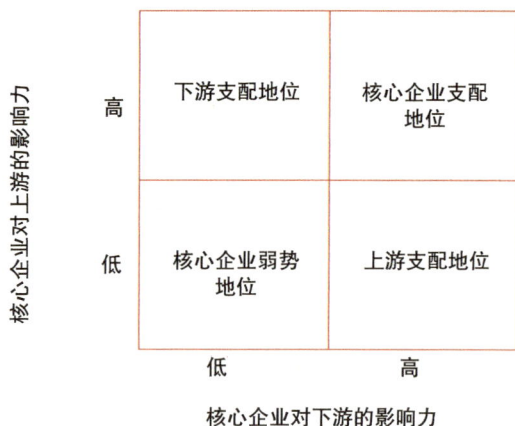

	低	高
高	下游支配地位	核心企业支配地位
低	核心企业弱势地位	上游支配地位

核心企业对下游的影响力

（纵轴）核心企业对上游的影响力

图 8-4　定位与战略合作特征的结合

　　第一种，核心企业支配地位。在这种情况下，核心企业在供应链上对上游（供应商）和下游（客户）起主导作用，一般具有以下特点。①高度集中，核心企业通常能够从其下游（客户）那里获得超额的利润并从其上游（供应商）那里最大限度地减少成本。②核心企业的市场占有率高，其对上游企业有较强的影响力。③核心企业为其下游企业提供独特或高度差异化的技术、产品或关键组件，导致下游企业对其更加依赖。④从产品生命周期的角度来看，核心企业处于成长期，需求增长。在这种情况下，供应链上游和下游大都属于拥有许多小企业的分散行业，大多数企业提供同质的产品和资源。因此，由于转换成本低，买家可以轻松转换供应商；同样，供应商方面的搜索成本也较低。核心企业在继续获得高利润的同时，发挥着关键作用并影响所有网络成员。这类企业的典型代表是传统的汽车公司，如奔驰，它们的上游是零配件提供商，下游是4S经销商。

第二种，上游支配地位。在供应链上，当上游企业（供应商）的影响力强于核心企业并且核心企业的影响力强于下游企业的时候，就会出现上游支配地位。上游企业高度集中并拥有重要的知识产权、技术壁垒和关键组件等优势，自然就拥有影响核心企业的能力。下游企业在网络中处于最薄弱的位置，处于分散的行业中，没有一家企业能够主导下游市场。由于核心企业的影响力处于中等水平，行业集中度也处于中等水平，因此，核心企业的上游转换成本高，下游搜索成本低。这类企业的典型代表是手机公司，如苹果公司，它们的上游是手机芯片提供商，下游是经销商或销售平台。

第三种，核心企业弱势地位。核心企业弱势地位的背景与核心企业支配地位的背景相反。在这种情况下，上游和下游企业都对核心企业有决定性的影响力。在这种情况下，核心企业的特点是：①属于一个分散的行业；②处于下降阶段，面临需求下降的情况；③由于上游和下游都拥有较强的影响力，核心企业的上游转换成本高，下游搜索成本高，从产业结构来看，网络的上下游都可能趋向于高度整合的产业。这类企业的典型代表是贸易商，它们的上游是原材料生产商，下游是产品生产商。

第四种，下游支配地位。在下游（客户）支配的情况下，下游企业对核心企业有影响力，并且核心企业同时支配其上游企业。因此，重心位于下游。下游与核心企业密切相关，而且影响网络中的所有成员。下游具有以下特点：①享有较高的声望或良好的声誉；②处于高集中度行业，垄断供应端；③在核心企业的销售额中占有很高的份额。在这种情况下，上游（供应商）提供同质资源，替代程度很高，导致上游企业的搜索成本很高。核心企业的上游转换成本低，下游搜索成本高。这类企业的典型代表是消费品企业，它们的上游是原材料提供商，下游是电商平台。

核心企业的战略合作策略

基于在"扩展供应链"上的定位不同，核心企业需要采取不同的策略展开与上下游的战略合作。

第一，核心企业支配地位的合作策略。基于支配地位，核心企业应该设计战略合作模式，支持上游企业为核心企业进行特殊资源投资，比如物流资源、定制化生产线等；而对于下游，应该采取成本相对稳定的通用合作范式，在合作操作上降低复杂度、提高供应效率。另外比较重要的一点是，由于上下游合作分工的边界和壁垒比较清晰，核心企业要充分利用上下游的资源开发共享平台并提高"扩展供应链"的运营效率，包括共享研发平台、计划运营系统及知识共享平台等（见表 8-3）。

表 8-3　核心企业的战略合作策略

上下游关系	知识分享路径
上游： ·发展长期稳定的上游关系 ·减少上游供应商数量 ·协助上游进行特殊资源投资 **下游：** ·采用通用的合作范式 ·利用规模优势整合下游需求，提高供应效率	**上游和下游：** ·提供上下游共同开发产品的平台 ·基于互惠，双方进行充分的信息交流和互换以提升"扩展供应链"的网络规划、决策和工作效率 ·建立强大的信息系统支撑上下游合作 ·对上下游进行充分的知识和技能培训

第二，上游支配地位的合作策略。在上游网络占优势的条件下，核心企业应该采取积极主动的态度争取与上游取得稳定及长期的合作。例如，一家粮食进口公司（核心企业）通常应该与其主要粮食出口商（上游）制定被动的长期保障措施，以避免资源短缺。与众多分散的批发商或零售商（下游）相比，粮食进口公司应投入更多的通用资产来满足大多数粮食批发商/零售商的共同需求。通过汇总这些共同需求，核心企业利用规模经济和大规模生产来提高供应效率。因此，核心企业关注的是与下游客户联系的广度而不是深度。另外，上游占据了能够在市场上开发行业标准或平台的优势地位。核心企业也可以在早期尝试加入行业标准并开发产品或服务，与上游建立更可持续的合作关系。上游和核心企业共享有关产品信息、目录、交易类型、质量和交付信息的知识。为了应对强大的上游，核心企业应该向上游提供需求规划信息，如需求预测或未来产品组合，以协助上游做出与长期或中期生产规划相关的决策。同时，核心企业可能会发挥其地位优势，要求客户提供需求预测和库存状态，以利于其进行生产决策和产能规划（见表8-4）。

表8-4　上游支配地位的合作策略

上下游关系	知识分享路径
上游： ·积极主动地发展长期、稳定的上游关系 **下游**： ·采用通用的合作范式 ·利用规模优势整合下游需求，提高供应效率	**上游**： ·深化双向知识分享路径 ·加入上游核心企业的行业标准 ·提供上游需要的产品信息及运营计划 **下游**： ·深化双向知识分享路径 ·提高沟通频率与信息透明度

第三，核心企业弱势地位的合作策略。在这种情况下，与上游合作保障机制的持续时间和阻止机会主义交易是核心企业应该重点关注的内容。同时，下游客户少而重要，核心企业可能需要为重要客户投资特殊的关系资产（比如定制化的生产线），以确保大订单或长期订单的履行得到保障。核心企业还可以为每个重要客户定制产品或服务，以加强和深化相互关系。以手机原始设备制造商富士康为例，它投资研发能力和特定生产线，并与其重要的下游客户（如苹果）建立长期关系。另外，强大的上游企业经常整合他们的下游和通过标准与平台技术的发展，巩固其领先地位。核心企业应该尝试加入早期产品开发的技术或标准联盟。对于下游网络，核心企业不仅要为特定客户提供产品信息（如产品属性、质量规格、技术和功能），而且要提供运营管理信息（如生产计划、交货计划、制造和过程信息），以帮助特定客户控制、管理和跟踪他们的生产计划和状态（见表 8-5）。

表 8-5　核心企业弱势地位的合作策略

上下游关系	知识分享路径
上游： ·加强保障措施以应对机会或资源丧失 **下游：** ·采用针对重点客户的特殊合作范式 ·极力争取大订单或长期订单 ·为重要客户定制产品或服务	**上游：** ·加入早期产品开发的技术或标准联盟 ·深化双向知识分享路径 **下游：** ·向下游客户提供运营计划和产品信息等相关内容 ·向特定客户提供增值信息，如产品状态、跟踪计划 ·向下游客户提供特定知识

第四，下游支配地位的合作策略。当下游网络存在优势时，核心企业可以主动与上游供应商建立长期保障机制，并整合上游资源。在下游，核心企业需要向重要客户投资特殊关系资产，以加强整个价值链的合作，从而加强并保持与重要客户的联系。另外，下游中的大部分企业主宰主要市场渠道或在消费者中拥有极高的品牌知名度。因此，核心企业应该吸引客户并寻求加强与每个主要客户的信息共享，通过专有技术和技术知识共享，帮助客户缩短产品开发时间或提升行业洞察力。同时，核心企业可以要求上游企业提供相关运营信息，以便高效地提升自己的运营效率（见表 8-6）。

表 8–6　下游支配地位的合作策略

上下游关系	知识分享路径
上游： · 发展长期稳定的上游关系 **下游：** · 采用针对重点客户的特殊合作范式 · 加强和维护与重要客户的联系	**上游：** · 要求上游提供应有的运营信息以帮助提升运营效率 · 建立单向知识分享路径 **下游：** · 向下游客户提供运营计划和产品信息等相关内容 · 向下游客户提供支持产品开发的相关信息

战略合作的过程管理和退出机制

战略合作的开始就是项目管理的开始。往往在实际运营中，前期策划团队与运营管理团队由于覆盖的管理职责不同，双方需要单独成立运营项目管理团队。我看到很多战略合作失败的案例，虽然双方在设计、策划阶段已经做了卓有成效的工作，但是过程管理的问题最终导致战略合作的失败，非常令人惋惜。过程管理通常存在的显性问题有4个。第一，运营管理团队没有充分规划项目运营的细节。项目管理涉及的要素包含范围、时间、成本、质量、人力资源、沟通机制及风险控制等方面，缺少任何一个要素，都可能造成战略合作失败。第二，前期策划团队没有与运营管理团队充分交接。运营管理团队对战略合作的策划内容没有充分掌握，这种情况很容易造成运行过程中方向的偏离。第三，"1号位"没有参与。对于战略合作项目，"1号位"的参与是至关重要的，因为项目在运营中通常会出现新的问题，需要"1号位"及时决策和进行高级别沟通。而"1号位"的缺失往往会导致项目运营效率下降或方向偏离等问题。第四，没有合理的评价及激励机制。通常项目管理团队由跨部门的非全职人员组成，在完成本职工作的前提下，还需要保证项目的良好运行。对于这种矩阵组织，如果没有设置合理的评价机制及额外的激励，其运行效果会大打折扣。

　　"天下没有不散的筵席"，战略合作可能因为各种各样的原因走向终点。在合作即将终结的时候，合作双（多）方应该综合考虑各种因素，做出理性的举动。第一，按照合同约定履行未尽事宜。如果合作双（多）方的合作终结是因为出现了新问题而没有详细约定，应该本着互相谅解的原则进行友好磋商。第二，积极地处理相互关系。只要不是因为触犯法律法规或侵犯对方权益，即使合作终止，合作双（多）方也需要对彼此给予正面评价。我们应该认识到，对于合作的终结，如果要论过错，彼此都有过错，而社会各界经常会通过合作双（多）方的评价来衡量企业的价值观。第三，复盘和总结。一段战略合作伙伴关系的终结并不意味着战略合作的终结，企业应该从过程中总结出导致成功或失败的因素，以便后续更好地开展战略合作。

战略合作的技术介绍——CPFR

CPFR 是 英 文 Collaborative Planning Forecasting and Replenishment 的缩写，意为"联合计划、预测和补货"。CPFR 一词于 1995 年首次被提出，全球零售巨头沃尔玛与其供应商 Warner Lambert、管理信息系统供应商 SAP、供应链软件商 Manugistics、美国咨询公司 Benchmarking Partners 等 5 家公司联合成立了工作小组，进行 CPFR 的研究和探索。1998 年，美国自愿跨行业商业标准委员会将 CPFR® 注册成商标。该委员会由许多大型消费品制造商和零售公司组成，它们着手改进需求波动。参与者的研究表明需求波动问题是由从上游到下游逐级传递的预测不准造成的。该研究的对象是一次性尿布，这种产品的需求本应随着出生率的稳定而趋于稳定，但事实并非如此。在从制造商到零售店的链条中有多达 4 个中间商，因此预测准确地反映了牛鞭效应。

该委员会的成员公司开始着手解决这个问题，并在过程中建立了 CPFR 的操作指南，以减少这些波动并改善成本和库存管理。该指南基于观察，认为更有效的实践可能会带来重大的业务改进机会。

收入机会——减少由供需不匹配造成的销售损失，从而创造收入机会。

库存减少——与上下游的合作可能会对价值链不确定性和流程效率的提升、建立和保持库存的驱动因素产生重大影响。

提高投资回报率——对大多数企业来说，CPFR 的投资回报可能是可观的。

CPFR 流程包含 3 个主要的子流程（计划、预测和补货）和9 个步骤。该委员会的指南建议参与企业首先要正式承诺通过支持和协助联合实践来加强供应链整合。联合计划和预测可以驱动生产调度、配送计划和销售活动策划。超出约定的预测的任何更改值都被定义为例外，合作方需针对它们采取协作行动并重新调整渠道规划，同时还需要检查订单预测异常情况，然后重新调整以生成实际的补货订单。

麻省理工学院在 2001 年针对 CPFR 做了一项研究。数据显示，CPFR 对企业的业绩提升效果显著。

零售商：

缺货率下降　　2%～8%；

库存水平下降　10%～40%；

销售额提升　　5%～20%；

物流费用下降　3%～4%。

制造商：

库存水平下降　10%～40%；

补货频次增加　12%～30%；

销售额增加　　2%～10%；

客户服务水平提升 5%~10%。

另一个实战案例是关于菜鸟国际的。公开资料显示，2019年菜鸟数智供应链向商家推出 CPFR 服务，在天猫"双 11"活动中斩获骄人战绩。在天猫"双 11"活动中，CPFR 帮助商家将售罄率同比提高近 10 个百分点。仅库存优化一项，预计就可以帮助尝鲜的 100 多个商家每年节省物流仓储成本 8800 万元，同时释放流动资金 3 亿元。统计显示，使用菜鸟 CPFR 服务的商家，销售额增长了 5%~30%，缺货率下降了 5%~10%，库存周转天数下降了 20%~60%，仓储成本整体降低了 1/3。

本章主要介绍了如何基于"扩展供应链"发掘价值。通过本章的内容，我希望大家能够真正理解供应链拓展的意义以及如何开展生态链的战略合作，也希望大家能够理解为什么我们需要在战略供应链思维的理念中反复提及"通过战略合作为伙伴创造价值"的真正内涵。

第
9
章

可持续发展转型

　　在开始本章写作的时候，我的脑海中不停地浮现出一组组画面。第一组画面是 2000 年左右欧美制造业面临大量关于可持续的挑战，其中不乏知名的 500 强公司。第二组画面是 2021 年 10 月 31 日，二十国集团（G20）领导人峰会在意大利罗马落幕。同日，《联合国气候变化框架公约》第 26 次缔约方大会（COP26）在英国格拉斯哥开幕。美国在 2020 年 11 月宣布退出《巴黎协定》，于 2021 年 1 月又重新加入。第三组画面是 2020 年 9 月 22 日，我国在第 75 届联合国大会一般性辩论上宣布"中国将提高国家自主贡献力度，采取更加有力的政策和措施，二氧化碳排放力争于 2030 年前达到峰值，努力争取 2060 年前实现碳中和"。

对许多中国企业来说，它们当前面临的挑战应该是非常复杂的。一方面是政策环境。另一方面是产业环境。中国制造业的毛利水平本来就不高，在面临双重挑战的情况下，把可持续发展与降本增效结合起来，是中国企业应该走的一条路。过于超前投资或无动于衷，这两种做法都是不可取的。我试图在本章呈现欧美国家的先进做法及历程，以期帮助读者从中找到一些有利于中国企业搭建可持续发展体系的值得借鉴之处。

什么是可持续发展

可持续发展的定义

可持续发展这一概念的明确提出，最早可以追溯到 1980 年由国际自然及自然资源保护联合会、联合国环境规划署、野生生物基金会（现世界自然基金会）共同发表的《世界自然资源保护大纲》。1987 年，以布伦特兰夫人为首的世界环境与发展委员会发表了报告《我们共同的未来》。这份报告正式使用了可持续发展的概念，并对之做出了比较系统的阐述，产生了广泛的影响。有关可持续发展的定义有 100 多种，但被广泛接受、影响最大的仍是世界环境与发展委员会在《我们共同的未来》中的定义。在该报告中，可持续发展被定义为："能满足当代人的需要，又不对后代人满足其需要的能力构成危害的发展。"全球的可持续发展涉及的范围较广，包含气候、动物保护、人权、粮食等方面。

企业通常被认为是地球上驱动可持续发展的主要微观层面组织，因此联合国的各大组织和非营利性组织会直接针对企业施加影响。1997 年，英国学者约翰·埃尔金顿最早提出了企业责任三重底线的概念，他认为就责任领域而言，企业责任可以分为经济责任、环境责任和社会责任。经济责任也就是传统的企业责任，主要体现为提高利润、纳税责任和对股东投资者的分红；环境责任就是环境保护；社会责任就是对社会其他利益相关方的责任。企业在进行企业责任实践时必须承担上述 3 个领域的责任，这就是企业责任相关的"三重底线理论"（见图 9-1）。

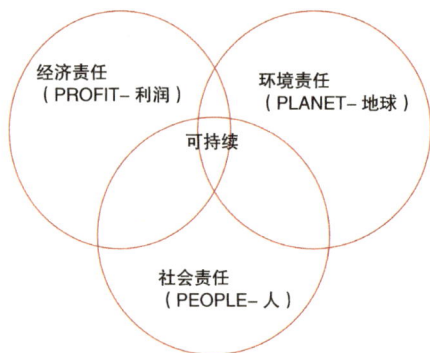

图 9-1　三重底线理论

因此我们经常看到 CSR（Corporate Social Responsibility，企业社会责任），几乎所有的世界 500 强企业在年度报表披露的时候，都需要针对企业在 CSR 上的举措进行详细说明。随着社会的发展，学术界和企业界发现 CSR 过度强调企业责任和问责，忽视了对企业能力建设的平衡。于是又出现了一个新的名词——ESG，即环境（Environmental）、社会（Social）和治理（Governance）。ESG 在全球实践中得到了长足的发展，在指导跨行业比较及引导投资选择上也相对具象化。第一，在环境方面，关键问题包括但不限于：①对应对气候变化的贡献；

②公司利用"自然资源"（如生物多样性和原材料采购）；③污染和废物管理；④公司使用绿色技术和可再生能源的亮点。第二，在社会层面，关键问题包括但不限于：①健康、安全和人力资源开发；②产品和消费者安全；③社区关系工作；④公司创造的社会认知机会。第三，在治理层面，关键问题包括但不限于：①公司治理公平与问责制；②透明度和道德考虑。学术界和企业界对 ESG 也有不同的看法，比如认为部分指标过于主观导致评价体系的客观性不足，部分 ESG 投资的实际驱动成果不显著等。

全球可持续发展的挑战

联合国公开提出 17 个全球可持续发展目标，旨在实现所有人更美好和更可持续的蓝图。目标提出了我们面临的挑战，包括与贫困、不平等、气候、环境退化、繁荣及和平与正义有关的挑战。我从中摘取了部分与企业相关的内容，以便大家了解。

第一，水。

①1/4 的卫生保健设施缺乏基本的供水服务。

②世界人口的 3/10 无法获得安全管理的饮用水。

③缺水影响着超过 40% 的世界人口，且该比例预计会增加。目前超过 17 亿人所生活的河流流域的用水量超过回补量。

④人类活动产生的废水超 80% 未经处理就排放到河流或海洋中。

⑤每天都有近千名儿童死于由水和环境卫生问题引起的可

预防的腹泻疾病。

⑥洪水和其他与水相关的灾害导致的死亡人数占所有自然灾害致死人数的 70%。

第二，能源。

①全球范围内，13% 的人口仍然无法使用现代电力。

②30 亿人仍然靠燃烧木头、煤炭或动物粪便烹饪或取暖。

③能源是导致气候变化的主要因素，全球排放的温室气体中约 60% 来自能源使用。

④2015 年，可再生能源在全球最终能源消费中的份额达到 17.5%。

第三，气候。

①自 1880 年至 2012 年，全球气温上升了 0.85℃。气温每上升 1℃，粮食产量就下降约 5%。

②海洋升温，冰雪融化，海平面上升。从 1901 年到 2010 年，由于升温和海冰融化，全球海洋面积扩大，海平面平均上升 19 厘米。预计到 2065 年，海平面将平均上升 24~30 厘米，到 2100 年，平均上升 40~63 厘米。

③自 1990 年以来，全球的二氧化碳排放量上升近 50%。2000 年至 2010 年 10 年间，排放量的增长速度高于此前 3 个 10 年。

④2021 年《生物科学》杂志发表了一篇文章，文中征集了来自世界多国的 1.4 万名科学家的联合署名。文章称，在地球的 31 项"行星生命体征"中，包括温室气体排放、森林砍伐和冰川厚度等 18 项数据已经达到破纪录的水平。和上一次评估（2019 年）相比，本次评估强调了气候灾害的"空前增加"，

包括洪水、热浪、飓风、火灾等。尽管新冠疫情大流行导致温室气体排放量下降，但大气中二氧化碳和甲烷的浓度在 2021 年仍达到破纪录的水平。冰川融化速度比 15 年前加快了 31%。

从各项数据来看，当前全球面临的可持续发展挑战非常严峻。企业作为微观的组织，直接影响着各项与地球可持续发展相关的指标，也应该承担起作为"地球公民"的责任，真正做到在满足当前经济需要的同时，为子孙后代留下生存的空间。

中国推动可持续发展的行动

中国经历了几十年的高速发展，确实存在过用"时间"换"空间"的问题，但是我们应该很清楚地看到，近 10 年来国家对环境保护和生态发展高度重视，可持续发展的格局正在迅速完善。我们可以从以下几个方面看到国家在推行可持续发展方面的显著变化。

第一，高层重视。

中国在第 75 届联合国大会上宣布：二氧化碳排放力争于 2030 年前达到峰值，努力争取 2060 年前实现碳中和。在中央经济工作会议上，"做好碳达峰、碳中和工作"被定为 2021 年八大重点任务之一。2021 年"两会"上，碳达峰、碳中和被首次写入政府工作报告，政府工作报告明确了在"十四五"时期，单位国内生产总值能耗和二氧化碳排放分别降低 13.5%、18%。

第二，立法透明度提高。

对于上市公司 ESG 信息披露，目前中国立法的最大变化是使其从自愿性向强制性转变。中国证监会出台了新的要求，即从2020年年底，要求所有上市公司披露与其运营相关的环境、社会和公司治理内容。

第三，与国际社会积极沟通。

2019年，中国签署联合国支持的《负责任投资原则》的机构数量呈明显上升趋势，根据2021年4月至8月底的数据，中国签署机构数量的增长率为16%，中国是全球增长最快的第二大市场。目前，国内已成为签署方的74家机构涉及资金约4.7万亿美元。对投资者、其他利益相关者来说，ESG是未来资产管理行业领域的核心要素，一方面可以帮助投资者规避风险，识别和投资战略稳健的公司，提高长期投资回报水平；另一方面可以助力实现国家的"双碳"和可持续发展目标。

对于大经济环境的政策转型，中国企业不可避免地需要投入其中，应该如何参与并找到自己的可持续发展之路是其需要思考的问题。

企业的应对措施

部分企业对 ESG 或企业社会责任的概念比较模糊，这是正常的，毕竟这一整套概念理论都是由西方设计的，中国企业接触这个概念不过 10 年左右的时间。著名经济学家、诺贝尔经济学奖获得者弗里德曼曾发表文章，认为企业的唯一社会责任就是增加利润，实现股东利益最大化。企业应该首先确保自己活下去，再去思考如何承担社会责任。这个逻辑本质上没有错，但是时代变了，允许企业只追求利润最大化而不重视其他责任的时代已经一去不复返。企业要找到适合自己的可持续发展之路，我认为需要从 3 个方面入手。

第一，看清历史，建立信心。

欧美企业在过往几十年的发展中也不断受到可持续发展的挑战和质疑。麻省理工学院的谢费教授在《绿色的平衡》一书中列举了大量美国公司的案例。从书中我们可以看到，诸如雀巢这样的世界 500 强公司也曾经在可持续发展上遇到巨大的危机。

谢费教授在书中援引环境组织的调查，该调查结果显示，全球超过一半的消费者和美国近一半的消费者声称，他们会为可持续性产品支付更多的费用。然而，宝洁公司的一项调查显示，只有 15% 的人会愿意掏出更多的钱购买环保概念的产品。消费者表现出来的是，在一贯调查中他们表示愿意为社会和环境友好型产品买单，但他们在独自面对购物车的时候，表现出来的却是不同的态度。在中国，这种情况一样普遍。比如，商家推出的"七天无理由退货"，往往被部分消费者演绎为网上购物、免费试用的攻略，这种退货造成的浪费和环境不友好一定会被买单，但是部分消费者在购物时并不会考虑到这一点。

因此，中国企业遇到的问题是欧美企业早就遇到过的问题，而且其惨痛的教训可以让我们少走弯路。

第二，认清趋势，确定方向。

部分西方媒体曾经对中国政府推行可持续发展的决心有过质疑，但是这种质疑的声音逐渐消失。从"绿水青山就是金山银山"到地方政府环境治理和产业的转型，过去 10 年，我国的发展脉络非常清楚，成绩斐然。面向未来，政府在"碳达峰"和"碳中和"方面的举措会接踵而至，比如碳追踪和碳交易的体系搭建、产业迭代升级等。企业需要认清形势并准确把握转型升级中的机会进行产业链的多元化布局，同时积极寻求升级路径。

第三，看清自己，做好选择。

对企业来说，来自政策及经济环境的压力可能会持续增强。企业需要结合自身的发展需要进行战略性思考。如果是全球化的企业，全面融入国际化的可持续战略是必要的。不管是欧美企业的供应商，还是全球产品的提供商，都必须遵守市场的强制性要求。而对本地化企业来说，其战略是着重考虑经济效益和社会效益的最佳结合方案。从 ESG 对企业的要求来看，我不认为大部分企业当前具备条件去全面适应 ESG。

　　动态地将最核心和最迫切的部分纳入战略考虑才是明智之举。企业有其本身的"关注圈"（见图 9-2）。从企业经营的角度看，我们通常最关心的是职能、流程和资源，对于企业的风险和可持续性，很少纳入战略考虑的范围。我在此提出两个建议。第一，提升风险管理的等级。这是应时而生的需求，新冠疫情的蔓延把供应链中断的问题彻底呈现在全球企业面前，而气候问题导致的灾害也要求企业将核心固定资产的保全上升到一个新高度。第二，风险管理和可持续合并为"企业可持续管理"这一统一范畴。我认为，从企业经营的角度出发，风险管理可以被认为是企业可持续发展的一部分。部分大型企业可以效仿成立可持续管理部门，由专职专人管理；而部分中小型企业需要把相关的核心指标纳入战略目标去管理，也就是在原来 6 项指标的基础上增加 1~2 项相关指标，以保持战略关注度。

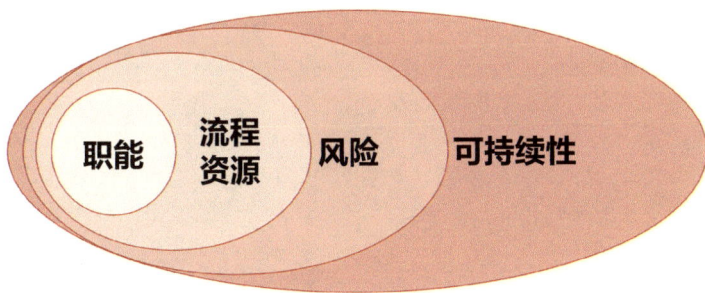

图 9-2　企业的"关注圈"

企业可持续管理的重点需要结合当前的政策导向和经济环境。一方面，面对全球疫情和自然灾害，企业要重点关注供应链的抗逆性，也就是打造弹性供应链；另一方面，在"双碳"目标下，企业要重点关注环境友好，即打造绿色供应链。在此，供应链的定义又被进一步延伸。在谈到生态圈战略合作时，我们定义了"扩展供应链"，而谈到可持续管理时，我们提到的供应链是"终极供应链"，也就是可持续管理覆盖从最初的原材料提供到终端产品交付的全过程。

打造弹性供应链

英文单词"resilient"的意思是能复原的、可迅速恢复的。把它放在"供应链"前作为形容词，就产生了我们通常所说的"弹性供应链"。弹性供应链的弹性是指其抵抗力和恢复能力，这意味着供应链有能力抵抗甚至避免中断的影响，并有能力迅速从中断中恢复过来。

打造弹性供应链的紧迫性

第一，自然灾害频发且数量呈现上升趋势。根据全球自然灾害库的统计数据，在过去的10年里，全球平均每年发生的一级自然灾害平均超过300起，2019年达到439起（见图9-3）。这些自然灾害包括洪涝、地震、森林和草原、火灾、地质灾害、热带风暴等。而在过去的一年里，全球发生创纪录的743起自然灾害，在所有灾害发生国排名中，中国位列第二（见图9-4）。

总频次（次）

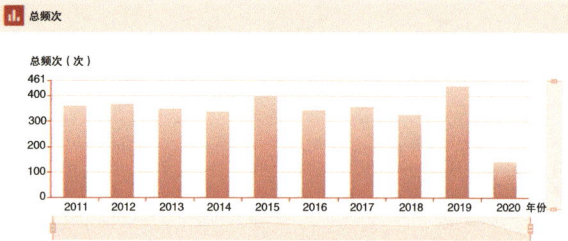

图 9-3　全球每年发生的一级自然灾害

全球灾害实况 2020-11-09 15:07:19-2021-11-09 15:07:19

总频次	受影响人数	累计经济损失
743 起	45587.00 万人	5587829 万美元

灾害类型	次数	国家	次数
地震	334 起	印度尼西亚	64 起
洪涝	234 起	中国	45 起
野火	107 起	瓦努阿图	39 起
火山	27 起	印度	34 起
风暴	23 起	美国	33 起
干旱	13 起	菲律宾	30 起
其他气象灾害	5 起	巴布亚新几内亚	29 起
		日本	26 起
		希腊	25 起
		刚果（金）	20 起

图 9-4　全球灾害情况

第二，新冠肺炎疫情仍然无法得到有效控制。截至定稿前，全球新冠疫情仍然呈蔓延趋势。由于当前各国的管控措施及疫苗接种的进度不同，有专家预测，此类疫情到2023年仍然不能得到有效控制。

第三，全球抗逆性指数。FM公司是世界上最大的工商业保险公司之一，与其他保险公司不同的是，其结合了保险和工程技术服务，通过工程技术服务来提供资产防损的解决方案。每年FM公司会发布全球抗逆性指数，这是唯一汇编全球近130个国家的经济、供应链和风险质量数据以评估抗逆性的工具。该指数是衡量3个核心弹性因素——经济、风险质量和供应链本身的同等加权综合指标。每个因素由4个核心驱动因素组成。分数的等级为0到100，0表示最低弹性，100表示最高弹性。

我们需要看到的现实是，外部环境非常严峻，而部分中国企业的风险管理能力仍然不足。企业不仅要关注自身的核心固定资产（仓库、工厂等）保全，还要关注原材料的供应及交付客户的能力。因此，如何稳步提升供应链的弹性是值得企业投入精力去研究的问题。

如何打造弹性供应链

我希望大多数企业经营者能够意识到，在当前的环境下，让供应链变得更有弹性是有必要的。事实上，提升供应链弹性的相关措施有不少，比如替代工厂、多元采购和安全库存等，这确实与盛行的精益供应链的理念相违背。但实现效率和弹性的再平衡并非易事。我们应该认识到，在大多数情况下，提升供应链弹性会增加成本。但是，如果什么事情也不做，付出的代价可能会更大。因此，基于中国企业的现状，我尽量完备地提出提升供应链弹性的措施，企业可以根据自身情况进行选择，或者分步骤实施。

第一，核心固定资产保全。对于企业的核心固定资产（包括但不限于仓库、工厂等），需要从选址安全性和存续安全性两个方面重新进行审查。对于新建厂房或仓库的选址，需要在自然灾害的判断上下足功夫，比如了解选址地点的地震、洪水及暴雨（雪）的历史数据及未来气象学对相关情况的研判。我看到很多企业在选址时并不认真，更多地依靠部分机构的片面数据来判断，这样的操作有很大的风险。另外，对于已经存续的固定资产，应该进行同样的科学分析，并制定相关补救方案。举个例子，西部地区在历史上非常干旱缺水，其道路及城市排水系统的设计级别不如南方城市，但是随着气候的变化，西部部分城市的降水量连年增加并突破历史纪录。针对这种情况，企业在排水能力建设上需要突破固有思维。需要重点强调的是，固定资产虽然已经购买了商业保险，但是风险管理的主要作用是预防和降低风险，两者缺一不可。

第二，应急计划制订。很多企业对应急计划并不重视。我观察到的情况是，有的企业甚至没有应急计划，而相当数量的企业的应急计划也只是停留在纸面上的"假计划"。制订一个合格的应急计划应该按照 5 个步骤进行。①调查与匹配。在这个步骤里，企业需要明确调查并标注所有供应链的关键控制点、风险点及等级，包含供应商、节点及基础设施。②分析与评估。企业需要分析与评估各关键控制点的问题、能力及管理责任人。③沟通与达成共识。企业与关键控制点的管理责任人一起沟通、确定问题及进行能力建设，并达成共识。④行动。企业与关键控制点的管理责任人一起制定针对问题及能力建设的方案、流程，并定期进行桌面模拟或演习。⑤循环改进。企业针对运行过程中的问题和数据及时进行纠正，并定期复盘。

第三，可视性打造。端到端供应链的可视性对供应链的弹性有很大的影响。对决策者来说，凭借较强的可视性，其能够及时掌握实时数据，以便在异常发生的第一时间做出判断并启动应急计划。传统的做法是层层汇报，经过层层主管的判断和消化，问题解决的"黄金时间"往往就被耽误了，从而产生了扩大的负面效应。决策者第一时间参与讨论并立即决策，对降低负面影响往往会起到事半功倍的作用。

第四，冗余库存设置。在正常的经营活动中，企业应该努力把库存降到最低。但是面对已经预见的不确定性，企业应该在运营层面设置部分冗余库存以应对不可预测的供应链中断风险。比如，当前的新冠疫情导致生产经营的不确定性显著增加，企业应该在满足市场需求的前提下，在原材料或成本库存环节增加部分冗余库存。具体增加多少或在什么环节增加，需要经过科学的分析，企业应视具体情况而定，而且这种增加是动态的，最好依附于销售与运营计划体系进行管理。

第五，制造基地多元化或部分外包。由于新冠肺炎疫情的影响，在过去的几年中，供应链运营中断的风险加剧。这意味着，保留多个供应地点的成本必须更多地被视为经营成本。对大型制造企业来说，在制造战略上进行分散布局甚至进行部分外包是有必要的。虽然这可能在短期内不是最优方案，但是从长期发展来看，把"鸡蛋放到一个篮子里"的风险是很大的。

第六，保持供应商的多样性和建立牢固的伙伴关系。2020年，东南亚一个电子芯片加工厂出现重大疫情，导致中国相当一部分新能源汽车公司出现生产中断的情况。诸如此类的情况不胜枚举，保持供应商的多样性是降低这种风险的有效方法。与此同时，与战略原材料供应商和外部服务合作伙伴的合作对确保为未来做好准备和建设恢复能力也至关重要。对于没有规模支持在多个地点发展的企业来说，与合同制造商和全球物流合作伙伴建立牢固的关系对其实现生产和将产品分销到不同国家至关重要。

打造绿色供应链

在"双碳"目标的影响下，企业从现在开始应该敞开怀抱去拥抱绿色供应链。客观地讲，这种改变或许是不舒服和不情愿的。谢费教授在《绿色的平衡》一书中援引一位环保信托机构创始人的原话："当绿色和平伸手打开它的工具箱时，往往发现里面仅有一个工具，那就是木槌。"理想主义的道理可以讲，但是对企业这类营利性机构来说，要大范围调整已经走了数年的路径确实挑战非常大。但是，我们要看到绿色供应链的价值。

供应链碳排放与绿色供应链

我们需要清楚几个事实。第一，全球环境信息研究中心的数据显示，一家企业在供应链环节产生的碳排放量往往是其企业运营范围碳排放量的 5.5 倍，全球只有 4% 的企业设定了供应链碳排放相关目标。第二，供应链环节中的主要运营活动都涉及自然资源的消耗并会产生"碳足迹"，也就是说供应链中没有任何一种活动可以被标记为"碳中和"。许多企业强调其产品或制造单位对环境没有不利影响，从而将其产品或制造单位标记为"碳中和"，这种做法是缺乏理论支撑的。正确的做法是，在供应链活动中设立"减碳"目标，并通过植树造林、节能减排或碳交易等形式，抵消自身的二氧化碳排放，实现二氧化碳"零排放"。这才是企业实现"碳中和"的正确路径。

我们脑海中的供应链应该有一个大致的图像，用两三笔就能把它勾勒出来（见图9-5）。绿色供应链作为供应链中的管理流程，主要目标是消除各种废弃物（危险化学品、排放物、能源和固体废物等），减少供应链不同阶段对环境的影响。当供应链全面践行这种环境思维和管理方法时，普通供应链就会发展成为绿色供应链（见图9-6）。从图9-6中我们可以清晰地看到，相比一般的供应链，绿色供应链最大的不同之处是增加了对产品全生命周期的管理，而这个管理流程相对复杂，通常需要依赖信息系统，这个系统被称为企业环境管理系统。

图 9-5　供应链大致图像

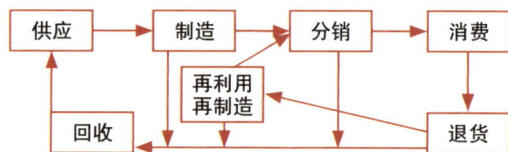

图 9-6　绿色供应链

绿色供应链的积极意义

绿色供应链需要结合企业的经济效益去设计，绝不是要求企业单纯地投资而不追求回报，因此企业要认识到绿色供应链对经营活动的积极意义，并设计相应的商业模式。以下是我总结的绿色供应链的一些积极意义。

第一，对财务绩效有积极影响。发展绿色供应链无疑会增加前期投资，但是大量分析和数据证明，长期坚持发展绿色供应链对组织的财务绩效会产生积极的影响。举一个关于福特的案例，福特与其价值链上的合作伙伴合作，增加了回收材料在汽车生产中的使用。福特向全球供应商和工程师发布回收指南，指导其拆解公司生产的废旧汽车和卡车。

第二，资源供应可持续。绿色供应链支持有效利用组织的所有可用生产资源。这种生产资源往往是可再生的，不存在供应不可持续的问题。

第三，降低成本／提高效率。绿色供应链管理的核心是通过提高效率来减少浪费。有效管理资源和供应商，可以降低生产成本，促进回收利用，还可以对原材料进行再利用；此外，也可以减少有害物质的生产，从而防止组织因违反相关条例而被罚款。

第四，实现产品差异化和竞争优势。绿色供应链帮助企业在客户感知中将产品定位为环保型产品。除了能为组织吸引新的客户，它还将使企业在市场上比竞争对手更具竞争优势。

第五，适应监管，降低风险。采用绿色供应链的企业，可以降低因违反相关条例和不道德做法而被起诉的风险。

第六，提升品牌形象和品牌声誉。生产技术先进、环境友好的企业在客户心目中的品牌形象和品牌声誉更好。

绿色供应链的创新路径

绿色供应链是在原有供应链环节的基础上完成创新的。在整个过程中，企业需要明确理解创新的路径，并在实践过程中寻求循序渐进的实现方法。大部分企业通常需要做的是，将绿色供应链与公司的核心竞争力选择结合，切入一个具体环节进行创新并加强。服务战略驱动的企业，我建议切入管理创新；创新战略驱动的企业，我推荐切入产品创新；成本战略驱动的企业，我建议先切入工艺创新。接下来我将对3种创新路径进行简要的介绍。

第一，管理创新。这是绿色供应链管理启动的关键因子，它展现了企业的管理能力及采用绿色方法的能力。创新内容包括提升企业在特定的知识和技能、所需操作和盈利模式设计等领域的能力。在创新过程中，企业经营者必须参与并与主要供应链伙伴合作，因为它涉及改变和重组流程和运营模式。同时，企业应与供应链伙伴合作，定期举办有关环境意识的培训、研讨会，以及有关危险废物处置、危险排放及最大限度地减少有害物消耗的方法的培训。

第二，产品创新。绿色产品创新通过在产品设计、质量和安全功能方面做出不同修改，减少产品在整个生命周期中对环境的影响。此外，这些修改旨在减少供应链环节产生的不同的环境危害因素和能量消耗。开发绿色产品意味着使用最少的资源来满足客户的需求。

第三，工艺创新。绿色工艺创新涉及所有制造工艺，通过节能、污染预防和废物回收等具体措施帮助企业减少对环境的负面影响。通过采用这一创新路径，企业修改其产品制造工艺，从而生产出符合要求的环保产品。

本章介绍了基于可持续发展的必然形势，企业应该采取的措施及应对方法。需要强调的是，企业的可持续发展措施是在战略层面需要考虑的问题，而且应该与企业战略和经营目标一同被考量。我既不提倡企业忽视可持续发展的行为，也不提倡麻木、超前地投资的行为。总之，结合自身的竞争力优势，做到有的放矢才是明智的选择。

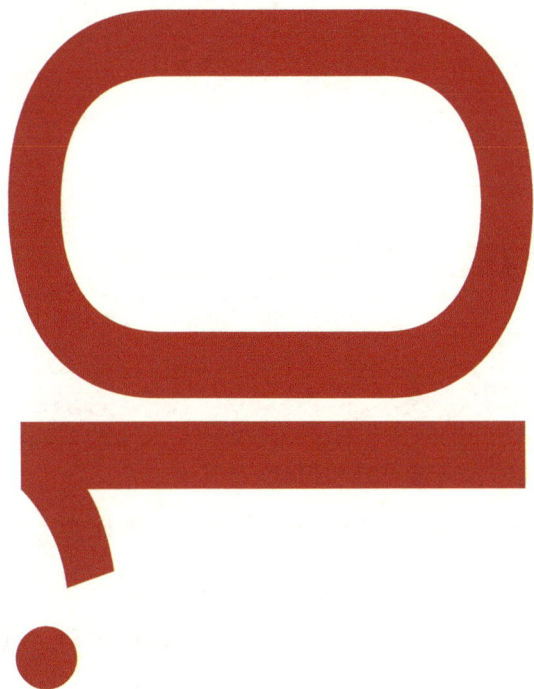

第

10

章

结语

　　本章将系统地对全书的逻辑思维框架做一次梳理和总结，以便大家更好地理解和消化内容，以及在实践中运用相关知识。我将内容总结为 7 个步骤并辅以一张逻辑图，力求简单明了、易于掌握。

总结：构建供应链战略体系和战术打法

第一步，理解战略供应链思维和理念。

战略供应链思维的核心是"供应链三角"，即库存、服务和成本的平衡关系。其核心要义有三：①通过战略设计"供应链三角"，从而设计经营业绩；②通过过程管理驱动"供应链三角"，实现企业经营业绩目标；③核心思想是取舍和动态平衡。

战略供应链思维的理念包括：①通过聚焦核心能力创造企业价值；②通过战略合作为伙伴创造价值；③通过整合为客户创造价值。

第二步，基于战略供应链思维制定核心战略。

核心战略的设计内容包含 3 个部分：①企业的"灵魂三问"，即使命、愿景、价值观是什么；②基本竞争力选择，即创新、服务、成本三者选其一；③企业核心战略目标，包括 1 张表、3 个层面和 6 个指标。

表 10-1 企业核心战略目标

财务层面	运用资本回报率
	息税前利润（或销售收入）
运营层面	库存周转率
	供应链总成本
	订单完美率
员工层面	员工满意（敬业）度

第三步，承接核心战略的供应链战略制定。

供应链战略的内容包含 3 个部分：①供应链目标，即承接核心战略目标的运营层面的 3 个指标（库存周转率、供应链总成本、订单完美率）；②与基本竞争力匹配的"供应链三角"的特征和目标制定方法；③制定供应链战略关键举措，主要看其他业务战略：客户战略、渠道战略、制造战略、资产战略、研发战略。

第四步，基于数字化的端到端流程设计。

通过过程管理驱动经营业绩提升的流程或工具有 3 种：①年度经营计划；②销售与运营计划；③控制塔。

第五步，一体化组织和绩效体系设计。

打造有效的供应链组织包含两个重要内容：①基于端到端流程建立的组织架构和人才建设；②分解战略目标的方法。

第六步，生态圈战略合作。

企业根据在扩展供应链上的影响力定位选择不同的战略合作策略：①核心企业支配地位的合作策略；②上游支配地位的合作策略；③核心企业弱势地位的合作策略；④下游支配地位

的合作策略。

第七步，可持续发展。

关注端到端终极供应链，并结合基本竞争力，对打造弹性供应链和绿色供应链进行战略选择。

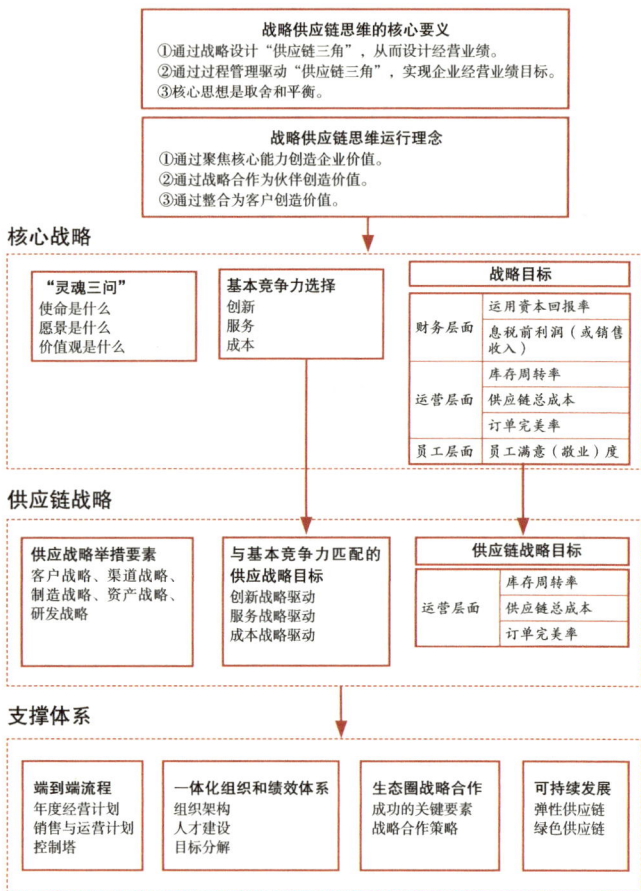

图 10-1　供应链战略和战术打法逻辑图

附录一：供应链运营中的那些"坑"

根据过往在工作中的经验，我总结了一些关于供应链各运营模块的认知，希望能够帮助企业管理者避开运营中的"坑"。

第一，需求预测。

企业运营永远都在解决供应和需求不平衡的问题。而市场的变化不以人的意志为转移，变化永远存在，而且时刻在发生。以下是对需求预测的正确认知。

①需求预测永远是不准确的，但是必须存在。通常认为一个 B2C 企业能够在 SKU 层级做到 80% 准确的水平，就是比较优秀的。但是，随着科技的发展，未来关于需求预测的方法论或将重塑。

②周期越短的预测越准确，颗粒度越大的预测越准确。

③预测不能代替实际，在不确定需求的情况下进行的需求预测才是有效的。

第二，库存管理。

①库存是服务保障，更是"万恶之源"。

②我们看库存的角度应该是从"恶"向"善"，可先把库存降到理论上的极致水平。

③全节点可视化，包含原材料、在制品、成品的静态库存和在途库存的可视化。

④关注上下游（供应商和渠道）库存，这些数据是检视销售和采购策略是否有效的试金石。

第三，采购管理。

①一定要进行总拥有成本管理。

②对于采购的原材料和服务如何归类，从来没有一个正确的标准可以参考，不要被供应管理四象限的理论迷惑。

③招标不是"放之四海而皆准"，反而经常失效。

第四，供应链网络规划。

①网络规划的底层逻辑是运筹学，建议企业花更少的钱运用定制化模型。

②通用工具的参考价值大于运用价值。

③"砍掉"仓库就能降低库存。

④不用盲目追求自动化仓库，形象工程的背后往往是自动化设备"躺着睡觉"。

第五，物流管理。

①电商物流、跨境物流与传统物流在本质上没有区别。

②整体外包不一定成本更高。

③如果物流信息种类繁多，物流数据没有那么集中，在自建系统和使用基于 SaaS 的系统中，更建议选择后者。

第六，生产管理。

①生产是供应链环节管理中理论最成熟、变化最少、最可控的环节。

②最大的变量是人。

③问题和解决方案都在现场。

第七，供应链金融。

①中小企业缺乏授信，需要盘活流动资产，即应收、预付和存货。

②供应链上的核心企业利用授信赚取息差或增强合作黏性。

附录二：对中国供应链发展趋势的研判

第一，"后疫情时代"将加剧欧美企业供应链布局向东南亚转移。

由于制造成本的持续增加，过去 5 年内已经出现欧美企业供应链布局向东南亚转移的趋势。在"后疫情时代"，关于供应链中断的研究和讨论一直是欧美学术界和企业界的热门话题。他们从供应链弹性的角度出发，对多源采购和制造多区域布局似乎已经达成共识。因此，在东南亚进行供应链布局会是欧美企业供应链战略的重要方向。对许多中国企业来说，这是机遇与挑战并存的。机会之一在于大部分制造原材料来源于中国，中国企业几乎始终占据主动权；机会之二是，东南亚地区并没有太多本国背景的大型制造型企业，欧美企业通常的布局形式是邀请战略供应商去东南亚开辟新的制造基地，中国企业有很大机会被邀请。挑战在于当地政策、劳动力及基础设施等方面会对中国企业有很大的限制。

第二，灾害频发和"双碳"目标，促使中国企业关注可持续发展。

在未来 5 年内，许多中国企业不得不改变原有的经营思维。

战略供应链·体系设计与运营管理

一方面，这些企业需要重新审视原有固定资产的投资策略，同时，存续的固定资产也会面临搬迁和升级的问题。另一方面，在"双碳"目标的影响下，企业需要付出参与碳交易的成本，从而不得不在供应链环节重新进行"绿色"设计，否则将面对来自政府、舆论及碳交易成本的三重压力。

第三，"共同富裕"的奋斗目标，将推动沿海地区进行产业转移。

我们应该清醒地看到，"共同富裕"需要解决东西部发展不均衡的问题。企业应该从实际运行和国家政策的背后找到生存和发展之道。部分企业将出现从东部向西部迁移的现象。这个现象正在发生，而且会增多。当前西部地区的交通管网已经具备承接大产业转移的能力，原材料、能源和物流优势也逐步凸显。

第四，数字化浪潮和科技发展推动供应链管理水平实现质的飞跃。

未来 5 年内，企业将全面加快数字化进程，基本的路径有两条。第一，头部企业自行投资实现数字化升级改造。第二，中小企业将分化为种情况：①企业由产业互联网赋能，完成数字化改造，并继续发展；②无法完成数字化改造的企业将被逐步淘汰。另外，人工智能、区块链、数字孪生等技术的发展将逐步改造原有工业化供应链管理的思维。从基于人工智能的消费者洞察到需求预测，基于区块链和物联网的生态链协同，以及数字孪生驱动的计划与执行的即时协同等，这些技术大概率会改变原有供应链管理的底层逻辑和效率。

第五，集成供应链服务提供商将主要出现在平台企业。

快递企业和第三方物流企业在过去几年发展迅猛，在资本的推动下互相跨界、急速扩展。头部企业跃跃欲试，纷纷向集成供应链服务提供商转型。但我们应该看到的是，距离完成转型还有很长一段路走。首先，集成物流和集成供应链是完全不同的两个概念，企业具备集成物流的能力，不一定能够提供集成供应链服务。这一点是许多物流企业还没有认识到的问题。现有的转型至少有两个"鸿沟"。①无法深入客户业务。物流提供商只是完成供应链末端交付的工作，对于客户的市场需求、制造及采购，无法充分获取信息并赋能。②人才缺乏。一些物流和快递从业人员缺乏客户产业的运营经验，很难发现和洞察客户的真正痛点。因此，诸如阿里巴巴、京东、字节跳动等具备消费者洞察能力及深度参与客户产业规划的合作伙伴，未来才具备成为集成供应链服务提供商的能力。

第六，产业互联网将加快整合传统产业垂直供应链。

每一个产业都有机会出现一个产业互联网的"独角兽"公司。因为，产业链中的企业以中小企业为主，主要处于传统制造业，缺乏供应链整合能力。而产业互联网公司能够从端到端供应链的角度切入，实现产业数字化升级并赋能产业效率提升。这些产业互联网公司一般会遵循电商公司发展的道路，从线上交易平台入手，先解决中小企业的交易问题，再逐步利用科技和资本整合能力，实现产业链的整合。未来，产业互联网公司将成为真正主导产业的龙头。

参考文献

[1]Mentzer J T., （2001）, DEFINING SUPPLY CHAIN MANAGEMENT[J]. JOURNAL OF BUSINESS LOGISTICS, Vol.22, No. 2.

[2]Pamela Danese, (2007), "Designing CPFR collaborations: insights from seven case studies", International Journal of Operations & Production Management, Vol. 27 Iss 2 pp. 181 – 204.

[3]Stacey N, Narsalay R, 江崇龙, 等. 合力共赢：以协作化危为机 [R]. 埃森哲, 2020.

[4] 孙海洋. 对标巨头优衣库，太平鸟数字化供应链＋渠道建设有望突围 [R]. 天风证券, 2021.

[5] 明兴，孙延. 复盘 DHL，探寻顺丰供应链未来 [R]. 安信证券， 2020.

[6] 欧阳仕华. 华为供应链梳理及贸易战影响 [R]. 国信证券, 2019.

[7] 克努特·阿里克，埃琳娜·杜米特列斯库，马库斯·利奥波德塞德，等供应链组织是如何运作的 [R]. 麦肯锡, 2020.

[8] 徐璨，张梦苏. 零售行业研究 [R]. 联合资信, 2020.

[9] 施红梅，赵越峰. 从丰泰企业看核心鞋履供应商的成长和

壁垒 [R]. 东方证券, 2021.

[10] 施红梅，赵越峰 . 重温波司登竞争优势和护城河：对市场关心的三个问题的思考 [R]. 东方证券, 2020.

[11] 刘立喜，周路昀 . 社区团购：起于团长，成于供应链 [R]. 东北证券，2021.

[12]Sheffi Y. The value of CPFR[R]. Lisbon. Portugal:RIRL Conference Proceedings , 2002.

[13]LOCKE R M, QIN F, BRAUSE A A. DOES MONITORING IMPROVE LABOR STANDARDS? LESSONS FROM NIKE [J]. Industrial and Labor Relations Review, 2007(Vol. 61, No. 1).

[14]Locke G D J H R M. Does Lean Improve Labor Standards? Management and Social Performance in the Nike Supply[J]. Management Science, 2015.

[15]Sameer Kumar, Malegeant P. Strategic alliance in a closed-loop supply chain, a case of manufacturer and eco-non-profit organization[J]. Technovation, 2006(26).

[16]Chang C, Chiang D M, Pai F. Cooperative strategy in supply chain networks[J]. Industrial Marketing Management, 2012(41).

[17]Nguyen T T H. Wal-Mart's successfully integrated supply chain and the necessity of establishing the Triple-A supply chain in the 21st century[J]. Journal of Economics and Management, 2017(Vol. 29).

[18]Xu L, Beamon B M. Supply Chain Coordination and Cooperation Mechanisms: An Attribute-Based Approach[J]. The Journal of Supply Chain Management, 2006.

[19]Lippmann S. Supply Chain Environmental Management: Elements for Success [J]. ENVIRONMENTAL MANAGEMENT ,

1999(Vol. 6).

[20] 刘昌贵，但斌 . 供应链战略合作伙伴关系的建立与稳定问题 [J]. 软科学 , 2006，20（3）.

[21] 明兴 . 快递物流：京东物流的星辰大海 [R]. 安信证券，2020.

[22] 祖腾 . 2020 企业数字化学习趋势洞察蓝皮书 [R]. 组织与人才发展研究院，2020.

[23] 唐隆基 . 数字化供应链的进展和未来趋势 [R]. 罗戈网，2019.

[24] 周国元 . 麦肯锡结构化战略思维：如何想清楚、说明白、做到位 [M]. 北京：人民邮电出版社，2021.

[25] 谭北平，等 . 2021 中国数字营销趋势报告 [R]. 秒针营销科学院，2021.

[26]Jr D J K, Hult G T M. Bridging organization theory and supply chain management: The case of best value supply chains[J]. Journal of Operations Management, 2007(25).

[27]Supply Chain & Logistics Tech Trends To Watch[R]. CB Insights, 2020.

[28]Jonathan Wright, Amar Sanghera, Jessica Scott, 等 . 打造智慧供应链，应对变幻莫测的世界：持续智能规划 [R]. IBM 商业价值研究院，2020.

[29]Jim Lee, Kaushik Malladi. 消费品供应链的后续发展：使用呈指数级发展的技术，让运营经得起未来考验 [R]. IBM 商业价值研究院，2020.

[30]A.P. Moller. 物流数字化革命：供应链物流的数据与技术变革 [R]. Maersk, 2020.

[31]Net-Zero Challenge: The supply chain opportunity[R]. World Economic Forum, 2021.

[32]2021 FM GLOBAL RESILIENCE INDEX[EB/OL]. [2021].

[33]SUPPLY CHAIN STRATEGY REPORT MAKE THE MOST OF SUPPLY CHAIN STRATEGY[R]. APICS, 2016.

[34] 冯莉，冼君行，龚戈亮 . 区块链 VS 供应链，天生一对 [R]. 德勤，2020.

[35] 数字化供应链白皮书 MHI 2020 年度行业报告 [R]. 德勤，2020.

[36]Fisher M, Raman A. The new science of retailing : a how analytics are transforming the supply chain and improving performance [M]. Harvard Business Press , 2010.

[37]Stadtler H, Kilger C, Meyr H. Supply Chain Management and Advanced Planning[M]. 5. Springer, 2015.

[38]Liliana Avelar-Sosa • Jorge Luis García-Alcaraz Aidé Aracely Maldonado-Macías. Evaluation of Supply Chain Performance[M]. 1. Springer, 2019.

[39]Lima Zhao • Arnd Huchzermeier. Supply Chain Finance : Integrating Operations and Finance in Global Supply Chains[M]. 1. Springer, 2018.

[40]SimchiLevi D, Kaminsky P, SimchiLevi E. Designing and Managing the Supply Chain[M]. McGraw-Hill, 2008.

[41]Minagawa Y. Building a Responsive and Flexible Supply Chain[M]. 1. World Scientific, 2019.

[42]Turan Paksoy • Gerhard-Wilhelm Weber • Sandra Huber. Lean and Green Supply Chain Management[M]. 1. Springer, 2019.

[43]QudratUllah H. Innovative Solutions for Sustainable Supply Chains[M]. 1. Springer, 2018.

[44]Belvedere V, Grando A. Sustainable Operations and Supply Chain Management[M]. 1. Wiley, 2017.

[45]Millar M. Global Supply Chain Ecosystems[M]. 1. Kogan Page, 2015.

[46]Kusum Deep • Madhu Jain Said Salhi. Logistics, Supply Chain and Financial Predictive Analytics[M]. 1. Springer, 2019.

[47]Sloan J. LEARNING TO THINK STRATEGICALLY[M]. 4. Routledge, 2020.

[48]Dirk Fahland • Chiara Ghidini • Jörg Becker • Marlon Dumas. Business Process Management[M]. 1. Springer, 2020.

[49]Smith R F. Business Process Management and the Balanced Scorecard[M]. 1. John Wiley & Sons, 2007.

[50]Slack N, Chambers S, Johnston R, etal. OPERATIONS AND PROCESS MANAGEMENT[M]. 2. Pearson, 2009.

[51]Jacobs F R, Chase R B. Operations and Supply Chain Management: The Core[M]. 4. McGraw-Hill , 2013.

[52]Moon H. The Art of Strategy Sun Tzu, Michael Porter, and Beyond[M]. 1. Cambridge University Press, 2018.

[53]COHEN S, ROUSSEL J. Strategic Supply Chain Management:The Five Core Disciplines for Top Performance[M]. 1. McGraw-Hill, 2005.

[54]Ansoff H I. STRATEGIC MANAGEMENT[M]. PALGRAVE MACMILLAN, 2007.

[55] 吕明 . 敏捷供应链与数字化运营下的 SHEIN 模式解析 [R].

开源证券，2021.

[56]Gya R. Rethinking supply chain resilience for a post-COVID-19 world[R]. Capgemini, 2020.

[57] 数字孪生供应链白皮书 [R]. 京东物流，2020.

[58] 直播电商供应链研究报告 [R]. 京东物流战略与创新研究院，2020.

[59]CAOLIONN O'CONNELL. Managing Risk in Globalized Supply Chains[R]. Rand, 2021.

[60] The wake-up call: Building supply chain resilience in consumer products and retail for a post-COVID world[R]. Capgemini, 2021.

[61] 闫海，汪家豪. 供应链大时代：京东物流等优质龙头共享行业红利 [R]. 申银万国证券，2021.

[62]A LICENSE FOR GROWTH Customer-centric supply chains[R]. Accenture, 2020.

[63] 中国端到端供应链管理服务商研究报告 [R]. 罗戈研究，2021.

[64] 供应链流通视角，透视中国商流之变革 [R]. 仲量联行，2021.

[65]Jie (Jack) He, Tian X. The dark side of analyst coverage: The case of innovation[J]. Journal of Financial Economics, 2013.

[66]DeSmet B. Supply Chain Strategy and Financial Metrics：The Supply Chain Triangle of service, cost and cash[M]. 1. Kogan Page, 2018.

[67] 董安邦，廖志英. 供应链管理的研究综述 [J]. 工业工程，2002，5（5）.

[68] 雷星晖，苏涛永. 供应链战略成本管理研究 [J]. 复旦学报，2007，46（4）.

[69] 吴锦峰. 基于供应链管理的企业战略：零售连锁企业供应链管理战略研究 [J]. 商场现代化，2006，000（36）：89-90.

[70] 徐蕾，胡宏建. 基于权变理论的制造型企业供应商选择方法研究 [J]. 中国集体经济，2007（27）：29-30.

[71] 李满. 基于博弈论的企业供应链管理战略研究 [J]. 情报杂志，2007，26（9）：4.

[72] 杨焕. 基于网络协同的制造业供应链流程管理模型研究 [J]. 商业经济，2011（7）：3.

[73] 刘圣春，龚本刚. 基于供应链管理的企业库存成本控制策略研究 [J]. 湖北文理学院学报，2012，33（8）：5.

[74] 王绘. 基于供应链的战略管理会计业务流程再造与控制研究 [J]. 中国商界（上半月），2013（5）：73-74.

[75] 陈翠翠. 基于供应链的企业战略管理创新探索 [J]. 中国市场，2016（15）：2.

[76] 王彦玲. 基于供应链的企业管理成本控制研究 [J]. 中国管理信息化，2018，21（9）：2.

[77] 戈小军. 基于供应链管理视角的企业管理策略研究 [J]. 中外企业家，2019（2）：1.

[78]Phillips J M, Lin B S, Costello T G. A Balance Theory Perspective of Triadic Supply Chain Relationships[J]. Journal of Marketing Theory and Practice, 1998.

[79]Brun A, Castelli C, Karaosman H. A focused supply chain strategy for luxury fashion management[J]. (Journal of Fashion Marketing and Management, 2017.

[80]Tan K C. A framework of supply chain management literature[J]. European Journal of Purchasing & Supply Management, 2001.

[81]Zhou H, Shou Y, Zhai X, et al. Supply chain practice and information quality: A supply chain strategy study[J]. Int. J. Production Economics, 2014.

[82]Teunter R H. ABC Classification: Service Levels and Inventory Costs[J]. PRODUCTION AND OPERATIONS MANAGEMENT, 2010.

[83]Okan Örsan Özener, Özlem, Ergun M S, etal. Allocating Cost of Service to Customers in Inventory Routing[J]. OPERATIONS RESEARCH, 2013.

[84]Davila T, Wouters M. An empirical test of inventory, service and cost benefits from a postponement strategy[J]. International Journal of Production Research, 2007.

[85]Ryzin G J V. Analyzing Inventory Cost and Service in Supply Chains[J]. COLUMBIA BUSINESS SCHOOL, 2001.

[86]Rosenzweig E D, Roth A V. B2B seller competence: Construct development and measurement using a supply chain strategy len[J]. Journal of Operations Management, 2007.

[87]Wua Z, Pagell M. Balancing priorities: Decision-making in sustainable supply chain management[J]. Journal of Operations Management, 2011.

[88]Kaplan R S, Norton D P. Transforming the Balanced Scorecard from Performance Measurement to Strategic Management[J]. Accounting Horizons, 2001.

[89]Bowon Kim.Competitive priorities and supply chain strategy in the fashion industry, Qualitative Market Research[J]. An International Journal, 2013.

[90]Sox C R, Thomas L J, McClain J O. Coordinating Production and Inventory to Improve Service[J]. Management Science, 1997.

[91]Guajardoa M, M. Rönnqvistab. Cost allocation in inventory pools of spare parts with service-differentiated demand classes[J]. International Journal of Production Research, 2014.

[92]Liu X, Lian Z. Cost-effective inventory control in a value-added manufacturing system[J]. European Journal of Operational Research, 2009.

[93]Cheng L, Tsoub C, Yang D. Cost-service tradeoff analysis of reorder-point-lot-size inventory models[J]. Journal of Manufacturing Systems, 2015.

[94]Madhani P M. Customer-Focused Supply Chain Strategy: Developing Business Value-Added Framework[J]. The IUP Journal of Supply Chain Management, 2017.

[95]Cagliano R, Caniato F, Spina G. E-business strategy How companies are shaping their supply chain through the Internet[J]. International Journal of Operations & Production Management, 2003.

[96]Hoole R. Five ways to simplify your supply chain[J]. Supply Chain Management, 2005.

[97]Hong P, Noh J, Hwang W. Global supply chain strategy: a Chinese market perspective[J]. Journal of Enterprise Information Management, 2006.

[98]Sabbaghi A. Global Supply-Chain Strategy And Global

Competitiveness[J]. International Business & Economics Research .

[99]Kaplan R S, Norton D P. THE STRATEGYFOCUSED ORGANIZATION[M]. Soundview, 2001.

[100]Hilletofth P. How to develop a differentiated supply chain strategy[J]. Industrial Management & Data Systems, 2009.

[101]Roh J, Hong P, Min H. Implementation of a responsive supply chain strategy in global complexity: The case of manufacturing firms[J]. Int. J. Production Economics, 2014.

[102]Bozarth C C, Handfield R B. Introduction to Operations and Supply Chain Management[M]. 3. Pearson, 2013.

[103]Herron D P. Inventory Management for Minimum Cost[J]. Management Science, 2016.

[104]Nozick L K, Turnquist M A. Inventory, transportation, service quality and the location of distribution centers[J]. European Journal of Operational Research, 2001.

[105]AKDOGANa A, DEMIRTAS O. Managerial Role in Strategic Supply Chain Management[J]. Social and Behavioral Sciences 1, 2014.

[106]Lariviere S C A M A. Managing Service Inventory to Improve Performance[J]. MIT SLOAN MANAGEMENT REVIEW, 2005.

[107]Martin Christopher. Logistics & Supply Chain Management[M]. 4. PEARSON, 2011.

[108]Scott C, Westbrook R. New Strategic Tools for Supply Chain Management[J]. International Journal of Physical Distribution & Logistics Management, 2005.

[109]Kaplan R S, Norton D P. Putting the Balanced Scorecard to Work[J]. harvard business review, 1993.

[110]Wiengarten, Frank; Li, Huashan; Singh. Re-evaluating supply chain integration and firm performance: linking operations strategy to supply chain strategy[J]. Supply Chain Management, 2018.

[111]HITT M A. RELEVANCE OF STRATEGIC MANAGEMENT THEORY AND RESEARCH FOR SUPPLY CHAIN MANAGEMENT[J]. Journal of Supply Chain Management, 2011.

[112]Gunasekarana A, Laib K, Cheng T E. Responsive supply chain:A competitive strategy in a networked economy[J]. omega, 2008.

[113]PerezFranco R. Rethinking supply chain strategy as a conceptual system[C]. // MIT SCALE Working Paper Series, MIT SCALE , 2016.

[114]PerezFranco R. Rethinking your supply chain strategy: a brief guide[C]. //MIT Global Scale Network Working Paper Series, MIT Global Scale, 2016.

[115]Bijulal D, Venkateswaran J, Hemachandra N. Service levels, system cost and stability of production–inventory control systems[J]. International Journal of Production Research, 2011.

[116]HULT G T M, JR D J K, ARRFELT M. STRATEGIC SUPPLY CHAIN MANAGEMENT: IMPROVING PERFORMANCE THROUGH A CULTURE OF COMPETITIVENESS AND KNOWLEDGE DEVELOPMENT[J]. Strategic Management , 2007.

[117]Gardner J T. STRATEGIC SUPPLY CHAIN MAPPING APPROACHES[J]. BUSINESS LOGISTICS, 2003.

[118]Sharifi H, Ismail H S, Qiu J, etal. Supply chain strategy and its impacts on product and market growth strategies: A case study of SMEs[J]. International Journal of Production Economics, 2013.

[119]Mayer A. Supply Chain Metrics That Matter: A Closer Look at the Cash-To-Cash Cycle[R]. Supply Chain Insights LLC.

[120]Qia Y, Huo B, Wangc Z, etal. The impact of operations and supply chain strategies on integration and performance[J]. International Journal of Production Economics, 2017.

[121]Jr D J K, Giunipero L C. The intersection of strategic management and supply chain management[J]. Industrial Marketing Management, 2004.

[122]Sukatia I, Hamid A B, Baharun R, etal. The Study of Supply Chain Management Strategy and Practices on Supply Chain Performance[J]. Social and Behavioral Sciences, 2012.

[123]Wilding R. The supply chain complexity triangle Uncertainty generation in the supply chain[J]. International Journal of Physical Distribution & Logistics Management, 1998.

[124]Whitten G D, Jr K W G, Zelbst P J. Triple-A supply chain performance[J]. International Journal of Operations & Production Management, 2012.

[125] 蓝伯雄，郑晓娜，徐心. 电子商务时代的供应链管理 [J]. 中国管理科学，2000（03）：1-7.

[126]Serkan KOÇ, ERDEN C. Green Supply Chain Management in the Context of Sustainability[J]. Journal of Business and Trade, 2021.

[127]Istrate-Scrădeanu, A, Negruţiu. Supply Chain vs. Green

Supply Chain Management[R]. BASIQ International Conference, 2021.

[128]Sarkis J. Supply Chain Sustainability: Learning from the COVID-19 Pandemic[J]. International Journal of Operations & Production Management, 2020.

[129]Shen Z M. Strengthening supply chain resilience during COVID-19: A case study of JD.com[J]. Operation management, 2021.

[130]QudratUllah H. Innovative Solutions for Sustainable Supply Chains[M]. 1. Springer, 2018.

[131]Belvedere V, Grando A. Sustainable Operations and Supply Chain Management[M]. 1. Wiley, 2017.

[132] 可持续供应链：力求持续提升的实用指南 [R]. 联合国商务社会责任国际协会，2011.

[133] 企业可持续发展领导力 [R]. 联合国全球契约办公室，2010.

[134] 唐纳德・J. 鲍尔索克斯，戴维・J. 克劳斯，约翰・C. 鲍尔索克斯，等 . 供应链物流管理 [M]. 马士华，张慧玉，等译 . 4 版 . 北京：机械工业出版社，2014.

[135] 苏尼尔・乔普拉 . 供应链管理 [M]. 杨依依，译 .7 版 . 北京：中国人民大学出版社，2021.

[136] 苏尼尔・乔普拉，彼德・迈因德尔 . 供应链管理：战略、计划和运作 [M]. 刘曙光，吴季云，等译 .5 版 . 北京：清华大学出版社，2014.

致谢

感谢父母赐予我生命，感谢我的家人对我的全力支持。

感谢我职业生涯中的领路人：陆姐、老蔡师父及朱正伟。

感谢我职业生涯中的导师：王泉庚、Sandy Zheng、Lisa Lee、Angel Zhang、Yeekum LEE、Jo NG、Paul Grosmann、Albert Scholte 等。

感谢里昂商学院的王华校长和龚业明教授，北京大学的陈春花教授，新加坡国立大学的张俊标教授，上海交通大学的郑欢教授，清华大学的刘大成教授，比利时弗拉瑞克商学院的布拉姆教授在我创作本书时给予的大力支持和指导。

感谢闫晓平先生和伊品生物团队给了我创作本书的动力。

感谢好孩子儿童用品有限公司的创始人宋郑还先生和富晶秋女士对本书的支持。

感谢我的好友在我每次进行人生转型的时候都为我提供支持。

感谢与我并肩奋斗过的同事和同学，没有你们的包容和支持，就没有我的成长。